Mit Kita-Kindern
Religion entdecken

Erkert
Christian Hüser

PESSACH, OSTERN, ZUCKERFEST

Feste aus Judentum, Christentum und Islam in der Kita

Geschichten, Spiele und Lieder

Verlag an der Ruhr

IMPRESSUM

Titel
Pessach, Ostern, Zuckerfest – Feste aus Judentum, Christentum und Islam in der Kita
Geschichten, Spiele und Lieder

Autoren
Andrea Erkert, Christian Hüser

Umschlagmotiv
Illustration: Dorothee Wolters unter Verwendung eines Fotos von © d_odin – Shutterstock.com

Illustrationen
Soweit nicht anders vermerkt: © Dorothee Wolters, Icon CD: © cspcreative – stock.adobe.com, Icons Auflistung: © ebene N, Icons Religionen: © Alvaro Cabrera Jimenez – Shutterstock.com

Lektorat
Katia Simon, Essen

Satz und Layout
ebene N, Mülheim an der Ruhr

Druck
AZ Druck und Datentechnik GmbH, Kempten, DE

Verlag an der Ruhr
Mülheim an der Ruhr
www.verlagruhr.de

Geeignet für Kinder von 3–6 Jahren

Die Autorin, Pädagogin, Dozentin und Seminarleiterin **Andrea Erkert** hat bereits zahlreiche spielpädagogische Bücher veröffentlicht, von denen die meisten in mehrere Sprachen übersetzt wurden. Inzwischen gehören sie zum Standard in vielen Kinderkrippen und Kindergärten und sind im Hort und in der Grundschule sehr beliebt.

Der Kinderliedermacher, Pädagoge, Dozent und Seminarleiter **Christian Hüser** publiziert pädagogische Fachbeiträge, Praxismaterialien sowie CDs und bildet Erzieher*innen zur Musikpädagogischen Fachkraft aus. Er präsentiert in seinen Live-Konzerten nicht nur Spaß und gute Laune – in seinen Texten vermittelt er auch Themen, die für Kinder von Bedeutung sind. Mit über 200 Live-Terminen im Jahr sowie Rundfunk- und Fernsehaufnahmen, wie z.B. im KiKA von ARD und ZDF, gehört Christian Hüser zu den beliebtesten deutschen Kinderliedermachern.

ISBN 978-3-8346-4403-9

INHALTSVERZEICHNIS

KOMM IN DEN ADVENTSKREIS

EID AL-FITR ODER ŞEKER BAYRAMI – ZUCKERFEST

FEST DER UNGESÄUERTEN BROTE UND DER FREIHEIT – PESSACH

VON PALMSONNTAG BIS OSTERMONTAG

EID AL-ADHA, KURBAN BAYRAMI – OPFERFEST

VORWORT UND HINWEISE

*Liebe Erzieher*innen, liebe Pädagog*innen*[1],

wir – das sind die Autorin Andrea Erkert und der Liedermacher Christian Hüser – beglückwünschen Sie zu Ihrem Vorhaben, gemeinsam mit den Kindern in Ihrer Kita christliche, muslimische und jüdische Feste zu feiern. Religiöse Feste sind eine ausgesprochen gute Möglichkeit, anderen Kulturen und Religionen mit Wertschätzung und Respekt zu begegnen und dabei von der Planung bis hin zur Durchführung voneinander und miteinander zu lernen.
Unserer Meinung nach sollten Offenheit und Toleranz gegenüber anderen Glaubensrichtungen und Nicht-Gläubigen von klein auf gelebt werden und das geht natürlich weit über das Feiern religiöser Feste hinaus. Feste sind jedoch ein wichtiger Bestandteil religiöser Bildung – es gibt übrigens auch keine Religion ohne sie. Die Beschäftigung mit religiösen Festen stärkt ganz nebenbei die Gemeinschaft und die Gemeinsamkeiten und vermittelt den Kindern Hintergrundwissen. Hinzu kommt: Wenn Menschen zusammenkommen und miteinander feiern, setzen sie sich in der Regel ganz bewusst mit denjenigen auseinander, denen es gerade nicht so gut geht. Auf diese Weise werden sozial-emotionale Kompetenzen gefördert, die insbesondere für das gute Miteinander in der Kita unerlässlich sind.
Aus diesen Gründen haben wir beide uns zusammengetan, um Ihnen eine große Bandbreite an **Spielen, Liedern und anderen Angeboten zum Thema „Religiöse Feste in der Kita"** aus der Praxis für die Praxis an die Hand zu geben.
Die Materialien unterstützen Sie dabei, große Feste aus den Weltreligionen mit Kindern im Alter von **drei bis sechs Jahren** in der Einrichtung zu feiern.
Neben der Liebe zur Musik eint uns beide vor allem die Arbeit mit Kindern in altersgemischten Gruppen. Es erfüllt uns mit sehr viel Freude, wenn sich bereits kleine Kinder auf die Spuren Gottes begeben und dabei religiöse Feste kennenlernen und feiern dürfen. Mithilfe unserer erprobten Praxisideen wollen wir Ihnen zeigen, wie Sie nicht nur große christliche Feiern, wie z. B. Ostern und Weihnachten, sondern auch wichtige Feste anderer Religionen in Ihrer Einrichtung ohne große Vorbereitung und viel Aufwand feiern können. Davon profitieren vor allem die Kinder Ihrer Kita. Wir sind nämlich der Meinung, dass alle Kinder ein Anrecht darauf haben, ihre Religion im Alltag zu leben und ihre religiösen Feste auch in ihrer Kita zu feiern. Wir empfehlen deshalb, darauf zu achten, welche Religion, Kultur und Herkunft die einzelnen Kinder mitbringen, um diese den anderen in der Gruppe ein Stück näherzubringen.
Bevor wir Sie herzlich einladen, gemeinsam mit den Kindern die Feste der Religionen in der Kita zu feiern, möchten wir mit Ihnen zunächst einen Blick auf die drei von uns ausgewählten Weltreligionen werfen. Anschließend folgen Erläuterungen zu den Liedern und Tipps zur Technik sowie zur Umsetzung der Praxisideen.

»

[1] Der Verlag an der Ruhr legt großen Wert auf eine geschlechtergerechte und inklusive Sprache. Aus diesem Grund verwenden wir in der Ansprache unserer Kund*innen das Gendersternchen, um sowohl männliche und weibliche als auch nicht-binäre Geschlechtsidentitäten einzuschließen.

Glauben und Feste im Christentum

Das Christentum ist die größte Weltreligion, die aus dem Judentum hervorgegangen ist. Die Bibel ist das meistverbreitete Buch der Welt. Christ*innen glauben an den einen Gott, und zwar in den drei Gestalten Vater, Sohn und Heiliger Geist. Es gibt viele verschiedene Gruppierungen. Die römisch-katholische Kirche, die orthodoxe Kirche, die protestantische Kirche, die anglikanische Gemeinschaft sowie die Pfingstbewegung gehören zu den größten christlichen Konfessionen.

Wir schauen uns nun das katholische und evangelische Kirchenjahr etwas näher an. Es beginnt mit dem ersten Adventssonntag und endet mit dem ersten Samstag vor dem ersten Advent des nächsten Kirchenjahres. Das katholische und evangelische Kirchenjahr unterscheiden sich nicht wesentlich voneinander, denn die wichtigsten und bekanntesten Feste teilen die beiden Konfessionen. Die Unterschiede bestehen in kleineren Festen. Die Katholik*innen feiern z. B. Mariä Himmelfahrt und die Protestant*innen etwa den Reformationstag, der an den Theologen Martin Luther erinnert.

Im Gegensatz zu unserem – dem weltweit am häufigsten gebrauchten – gregorianischen Kalender hat das Kirchenjahr keine Aufteilung in Monate. Es wird durch drei Festkreise strukturiert – Weihnachten, Ostern und die allgemeine Kirchenjahreszeit, auch „Zeit im Jahreskreis" genannt – an denen sich auch jeder Gottesdienst orientiert. Die Feste und Feiertage innerhalb eines Kirchenjahres bestimmen u. a. die Auswahl an Kirchenliedern und biblischen Texten, die uns z. B. an wichtige Ereignisse aus dem Leben Jesu erinnern sollen.

Im christlichen Kirchenjahr gibt es ausgesprochen viele Fest- und Feiertage. Es ist empfehlenswert, die Auswahl der gefeierten Feste in der Kita vor allem auf die größeren, wie Erntedank, Sankt Martin, die Advents- und Weihnachtszeit sowie Ostern, zu beschränken. Sie sind auch Ihnen vermutlich noch aus der eigenen Kindheit sehr vertraut. Auch wenn immer dieselben Feste gefeiert werden, können sie abwechslungsreich gestaltet werden. Konkrete Angebote und Anregungen dazu finden Sie in diesem Buch.

Glauben und Feste im Islam

Der Islam ist die zweitgrößte und jüngste der drei monotheistischen Weltreligionen. Das arabische Wort „Islam" bedeutet, einfach ausgedrückt, „Hingabe" und „Frieden". Bei den Anhänger*innen des Islams, die als Muslim*innen oder Moslem*innen bezeichnet werden, wird Gott „Allah" (arabisch) genannt. Die Botschaft Allahs ist im heiligen Koran niedergeschrieben. Im Islam gibt es viele verschiedene Fest- und Gedenktage. Die religiösen Feste werden mit Hilfe des Mondkalenders festgelegt. Die islamische Zeitrechnung beginnt mit dem „Jahr der Hidschra" bzw. im Jahr 622 n. Chr. mit der Flucht des Propheten Mohammed aus seiner Geburtsstadt Mekka nach Medina. Der islamische Kalender, den die Muslim*innen, auch als „Hidschra-Kalender" bezeichnen, umfasst zwölf Monate. Ein Monat hat je nach Mondphase 29 oder 30

Tage. Ergo ist ein Jahr je nach Mondphase zehn bzw. elf Tage kürzer als ein gregorianisches Sonnenjahr. Für die Muslim*innen ist es häufig schwierig, sich auf einheitliche Festtermine zu einigen, da sie immer wieder auf verschiedene Berechnungen kommen. Deshalb können Beginn und Ende des Ramadan sowie des Opferfestes um einen Tag variieren. In der islamischen Welt werden zwar moderne technische Hilfsmittel, wie z. B. Teleskope, eingesetzt, es gibt jedoch auch eine nicht zu unterschätzende Zahl an Gläubigen, die die Festlegung der Daten ihrer religiösen Feste nach traditioneller Art von der eigentlichen Sichtung des Neumonds abhängig machen.

Der Freitag ist der wichtigste Wochentag der Muslim*innen. Die bedeutendste Feierlichkeit im islamischen Jahr ist unumstritten das Opferfest. Danach folgt der Ramadan, der mit dem Fest des Fastenbrechens, dem Zuckerfest, abschließt.

Angebote zu diesen Festen und zum höchsten Fest im Islam, dem islamischen Opferfest, finden Sie in diesem Buch.

Glauben und Feste im Judentum

Das Judentum ist die älteste der drei Weltreligionen. Gott ist im Judentum so heilig, dass nicht einmal sein Name ausgesprochen, sondern höchstens umschrieben wird, indem man ihn z. B. „den Barmherzigen" oder „den Ewigen" nennt. Die heilige Schrift ist die Tho ra (auch: Tora). Diese beinhaltet die fünf Bücher Mose. Der jüdische Kalender ist ein Lunisolarkalender (Mond-Sonnen-Kalender), der sich sowohl am Mondjahr als auch am Sonnenjahr orientiert. Damit die Monate nicht wie bei einem reinen Mondkalender durch das Sonnenjahr wandern, wird in einem Zyklus von 19 Jahren einfach 7-mal ein Schaltmonat vor dem eigentlichen Adar (dem letzten Monat nach dem jüdischen Kalender) hinzugefügt.

Der Sabbat ist der wichtigste Feiertag im Judentum. Er heißt auf Hebräisch „Schabbat" und ist nach jüdischem Kalender der siebte Tag der Woche. Er beginnt zu Sonnenuntergang am Freitag und endet mit dem Eintritt der Dunkelheit am Samstag. Jüdinnen und Juden feiern diesen Ruhe- und Gebetstag zu Hause und in der Synagoge. Die Gläubigen erinnern sich an die Erschaffung der Welt und ehren Gottes Werk. Die Einhaltung des Sabbats ist eines der zehn Gebote Gottes.

Es gibt natürlich noch weitere jüdische Feiertage und Feste. Sie beginnen stets am Vorabend des eigentlichen Tages. Das liegt daran, dass ein Tag im jüdischen Kalender vom Vorabend bis zum Abend eines Tages dauert - nicht wie bei uns von 0 bis 24 Uhr.

Eines der höchsten Feste, das im Judentum gefeiert wird, ist das Pessachfest.

Es dauert sieben Tage und liegt in derselben Zeit wie das christliche Osterfest. Es erinnert an den Auszug aus Ägypten und somit an die Befreiung des Volkes Israels aus der Gefangenschaft.

Pessach und das Lichterfest Chanukka werden sehr gerne in der Kita gefeiert. Zu diesen beiden jüdischen Festen finden Sie in diesem Buch Lieder, Spiele und weitere Angebote.

»

Icon Judentum: © Alvaro Cabrera Jimenez – Shutterstock.com

Zur passenden CD 

Zu diesem Buch gibt es eine passende CD zu kaufen. Darauf finden Sie zwölf zum größten Teil neu komponierte Lieder – je einmal mit Gesang und einmal auch als unterstützende Playback-Version zum einfachen Mitsingen. Für jedes Fest in diesem Buch gibt es auf der CD ein bis zwei Lieder. Den entsprechenden Liedtext dazu finden Sie wie auch Noten und Gitarrenakkorde im jeweiligen Kapitel abgedruckt.

Das bietet Ihnen zahlreiche Möglichkeiten, die Lieder einzusetzen: anhören, mitsingen, zu einem Playback singen, mit der Gitarre, einem Klavier (E-Piano) oder einem anderen Instrument den Gesang begleiten.

Zu allen Liedern finden Sie verschiedene Praxisideen. Diese sorgen für eine richtig gute musikalische Stimmung, stärken das gute Miteinander und beziehen sich nicht zuletzt inhaltlich auf die religiösen Feste aus diesem Buch.

Die Technik bei größeren Festen

Wenn Sie eines der Feste aus diesem Buch in größerem Rahmen – vielleicht sogar mit den Eltern und anderen Verwandten der Kinder – feiern und dabei die Lieder aus diesem Buch darbieten möchten, ist es ratsam, ein besonderes Augenmerk auf die Technik zu legen, damit das Fest ein voller Erfolg wird. Wir empfehlen eine leistungsstarke mobile Anlage u. a. mit Gitarren-Anschluss und einer hervorragenden Klangwiedergabe. Solche optimalen All-in-one-Lösungen werden zumeist mit einem Akku betrieben und sind unabhängig von einer Stromquelle. Deshalb kann die leicht zu transportierende Anlage nahezu überall eingesetzt werden. So kann ein Fest unkompliziert nicht nur drinnen, sondern auch ohne viel Aufwand draußen stattfinden.

Zum Einsatz der Praxisideen

Alle Lieder, Spiele und weiteren Angebote in diesem Praxisbegleiter können mit einer Kitagruppe durchgeführt werden. Die einzelnen Festverläufe sind so angelegt und beschrieben, dass ein Fest im Gruppenrahmen gut umsetzbar ist.

Es spricht jedoch nichts dagegen, auch mit den Familien der Kinder das ein oder andere religiöse Fest zu feiern – oder in größerer Runde mit mehreren Gruppen bzw. der gesamten Einrichtung. Das ist natürlich mit viel mehr Zeitaufwand allein schon durch die intensivere Planung, Vorbereitung und Organisation verbunden.

Viele der Praxisideen bieten sich bereits vorbereitend auf das eigentliche Fest an, sodass vor allem jüngere Kinder vorab Sicherheit, Halt und Orientierung gewinnen und während des Festverlaufs schon sehr vertraut mit dem sind, was geschieht.

Unter Pandemie-Bedingungen umsetzbar

Dieses Buch entstand im Jahr 2020 zu Beginn der Corona-Pandemie. Deren Umstände haben uns darin bestärkt, vor allem nur solche Praxisideen vorzustellen, die während des Kita-Betriebs mit nur einer Kindergruppe durchführbar sind.

Zur leichteren Orientierung finden Sie zu Beginn jeder Praxisidee eine Alters-, Raum- und Zeitangabe sowie eine Übersicht über benötigte Materialien, den entsprechenden Liedtitel mit Angabe der Nummer auf der CD, Anregungen zur Dekoration sowie Infos über etwaige Vorbereitungen.

So gelingen religiöse Feste in der Kita garantiert! Nun wünschen wir Ihnen und den Ihnen anvertrauten Kindern viele schöne Erfahrungen und Erlebnisse mit unseren Liedern und Praxisideen zu den christlichen, islamischen und jüdischen Festen, die allesamt von Herzen kommen.

Andrea Erkert und Christian Hüser

Willkommen und auf Wiedersehen

Einführung – Feste gemeinsam beginnen und beenden

Wir empfehlen, jedes Fest gemeinsam in einem sitzenden oder stehenden Kreis musikalisch einzuläuten und auch wieder abzuschließen. Ein Kreis ist eine runde Sache und bietet dadurch viele Vorteile. Die Form macht es möglich, dass sich alle Kinder gegenseitig gut beobachten und so auch leicht miteinander in Kontakt treten können. Es wird Ihnen auch leichtfallen, die Kinder auf die religiöse und kulturelle Vielfalt in der Runde hinzuweisen. Sie stellt eine Bereicherung im guten Miteinander dar. Außerdem können Sie alle sehen und sich im Kreis besonders gut Gehör in der turbulenten Runde verschaffen und gegebenenfalls auch sofort auf Fragen, Wünsche und Bedürfnisse der Kinder eingehen.

Wenn Sie im Kreis zusammenkommen, können Sie die Kinder relativ einfach auf spielerische Weise auf das Kommende einstimmen und abschließend dort auch wieder verabschieden. In diesem Kapitel stellen wir Ihnen Lieder und Spielideen vor, die Sie ganz nach Belieben variabel bei jedem der Feste in diesem Buch zum Einsatz bringen können. Besonders schön ist es, wenn Sie, passend zum jeweiligen Fest, die Kreismitte mit einfachen Mitteln (z. B. farbigen Tüchern, thematisch passenden Gegenständen) schön gestalten. Impulse und Anregungen dazu finden Sie zu Beginn eines jeden Festkapitels. Die Dekorationsidee für die Kreismitte ist jeweils auf das betreffende Fest abgestimmt.
Auf diese Weise können Sie die Kinder im Festkreis herzlich willkommen heißen.

Wir feiern heute ...

 ab 3 Jahre  Gruppenraum  ca. 10 Minuten

Material: *1 kleiner Globus oder Ball*

Los geht's

Die Spielleitung stellt sich mit den Kindern in einen Kreis und hält den Globus bzw. Ball in der Hand. Sie reicht den Globus an das Kind links neben sich weiter und sagt:

Hallo *(Name des Kindes),* **willkommen hier im Kreis.**
Wir feiern heute *(Name des Festes),* **wie du weißt.**

Das Kind nimmt den Globus und gibt ihn wiederum dem Kind links neben sich weiter und spricht dabei den Vers. Auf diese Weise wandert der Globus so lange von Hand zu Hand, bis er wieder bei der Spielleitung angekommen ist. Diese heißt noch einmal alle Kinder im Kreis herzlich willkommen. Dann weist sie auf die Weltkugel hin (bei einem einfachen Ball greift sie auf, dass er die Form der Erde hat) und macht die Kinder darauf aufmerksam, dass in diesem Augenblick überall in der Welt das gleiche religiöse Fest gefeiert werden kann.

„Viele bunte Sprachen"

Text und Musik: Christian Hüser und Frank Fermate

1. In Deutschland sagt man „Guten Tag",
in England heißt's „Hello".
Italien grüßt mit einem „Ciao"
und ganz schnell ist man froh.

2. In Tschechien grüßt man „Dobry den".
Der Spanier ruft „Hola"
und Russland wünscht mit „Priviet"
uns einen guten Tag.

Refrain
II: Viele bunte Sprachen gibt es auf der Welt,
doch Gott, der spricht sie alle,
und das ist das, was zählt. :II

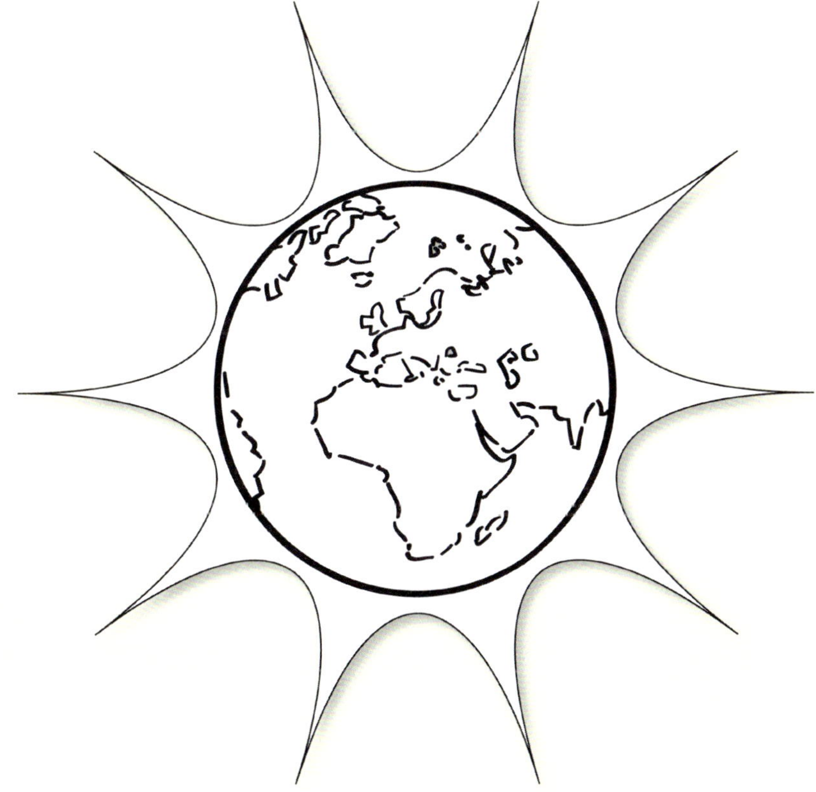

Viele bunte Sprachen

 ab 3 Jahre  Gruppenraum  ca. 10 Minuten

Material: *Lied „Viele bunte Sprachen" (S. 11, CD Lied 1)*

Los geht's

Die Kinder stehen im Kreis und singen das Lied. Immer wenn ein Gruß gesungen wird, winken sie einander zu. Sobald der Refrain dran ist, fassen sich die Kinder an den Händen und tanzen gemeinsam im Takt im Uhrzeigersinn. Am Ende des Liedes bleiben alle Kinder stehen und heben die Daumen nach oben.

Gott spricht alle Sprachen

 ab 5 Jahre 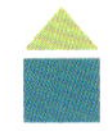 Gruppenraum  ca. 10 Minuten

Material: *Lied „Viele bunte Sprachen" (S. 11, CD Lied 1)*

Los geht's

Die Kinder bilden einen Innen- und Außenkreis. Dabei stellen sich immer zwei Kinder direkt hintereinander. Während die Kinder im Innenkreis den Refrain des Liedes auf Anweisung der Spielleitung sehr langsam, etwas rascher oder gar ganz schnell aufsagen und dabei im Takt bei jeder Silbe auf ihre Oberschenkel patschen, gehen die Kinder im Außenkreis Hand in Hand links im Kreis herum.

Refrain

II: Viele bunte Sprachen gibt es auf der Welt,
doch Gott, der spricht sie alle,
und das ist das, was zählt. :II

Am Ende des Refrains bleiben alle Kinder im Außenkreis stehen. Die Kinder im Innenkreis wenden sich um und dem jeweiligen Kind zu, das direkt vor ihnen steht. Alle begrüßen sich gegenseitig mit Handschlag und einem Gruß in einer beliebigen Sprache.
So können noch ein paar Begrüßungsrunden stattfinden, bis alle Kinder sich zumindest einmal per Handschlag begrüßen konnten.

Hello und Ciao

 ab 3 Jahre  Gruppenraum  ca. 10 Minuten

Material: *Lied „Viele bunte Sprachen" (S. 11, CD Lied 1), 1 Softball*

Los geht's

Die Kinder sitzen im Stuhlkreis und singen gemeinsam die erste Strophe:

In Deutschland sagt man „Guten Tag",
in England heißt's „Hello".
Italien grüßt mit einem „Ciao"
und ganz schnell ist man froh.

Die Spielleitung fragt dann ein beliebiges Kind, wie es die anderen begrüßen möchte. Es kann z. B. „Hallo", „Hello" oder „Ciao" sagen und dabei winken. Die anderen erwidern den Gruß. Anschließend wird erneut gesungen und ein anderes Kind begrüßt die Gruppe. Wenn alle an der Reihe waren, halten sie sich an den Händen und singen den Refrain.

Refrain

II: Viele bunte Sprachen gibt es auf der Welt,
doch Gott, der spricht sie alle,
und das ist das, was zählt. :II

„Abschiedslied"

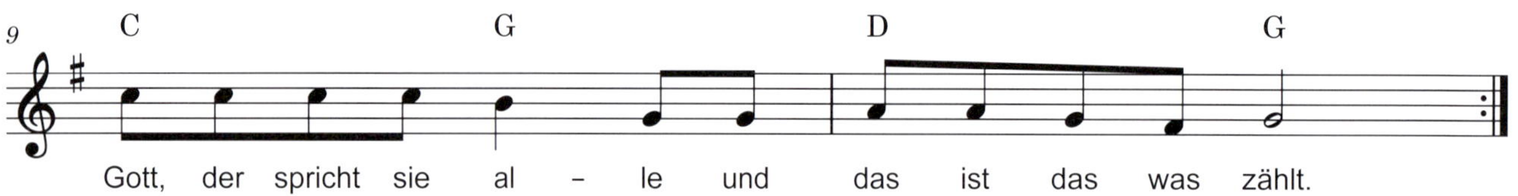

Text und Musik: Christian Hüser und Frank Fermate

1. Bei uns sagt man „Auf Wiedersehn",
in England heißt's „Goodbye".
Italien sagt „Addio",
dann ist der Tag vorbei.

2. In Tschechien „Na shledanou",
in Spanien „Adiós",
in Russland „Do svidaniya"
und dann ist alles Schluss.

Refrain
II: Viele bunte Sprachen gibt es auf der Welt,
doch Gott, der spricht sie alle,
und das ist das, was zählt. :II

Spiel zum Abschiedslied

 ab 3 Jahre  Gruppenraum  ca. 5 Minuten

Material: *kein Material nötig*

Los geht's

Alle Kinder stehen im Kreis und singen gemeinsam das Lied. Dabei winken sie einander zu. Am Schluss verabschiedet sich jedes Kind von den Kindern, die links und rechts neben ihm stehen, per Handschlag.

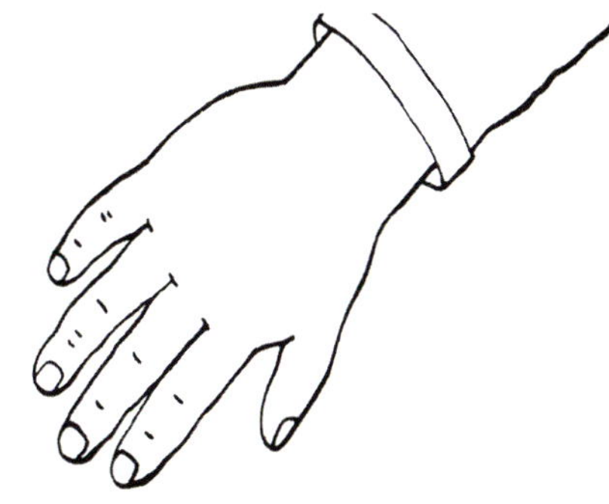

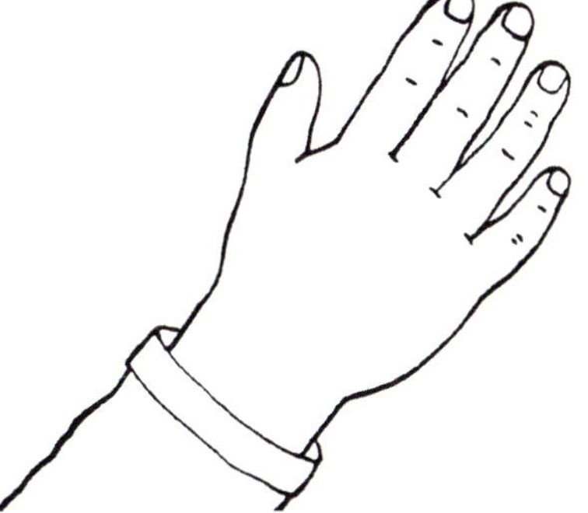

Und dann ist das Fest vorbei

 ab 3 Jahre  Gruppenraum  ca. 10 Minuten

Material: *Lied „Abschiedslied" (S. 14, CD Lied 12)*

Los geht's

Die Kinder sitzen im Stuhlkreis und sprechen gemeinsam die ersten drei Zeilen der ersten Strophe:

Bei uns sagt man „Auf Wiedersehn",
in England heißt's „Goodbye".
Italien sagt „Addio".

Ein Kind beginnt und verabschiedet sich von den anderen mit einem Abschiedsgruß in einer beliebigen Sprache. Anschließend ist das Kind links daneben dran. Im Uhrzeigersinn kommen so alle Kinder der Gruppe zu Wort. Abschließend singen alle gemeinsam die erste Strophe des Abschiedsliedes und ändern dabei die letzte Zeile in: „Dann ist das Fest vorbei".

Das Fest ist aus! Wir gehn nach Haus!

 ab 3 Jahre  Gruppenraum  ca. 5 Minuten

Material: *Lied „Abschiedslied" (S. 14, CD Lied 12)*

Los geht's

Die Kinder sitzen im Kreis und singen das Lied.
Dabei führen sie pro Liedzeile eine Bewegung aus.

Bei uns sagt man „Auf Wiedersehn",
mit der linken Hand winken
in England heißt's „Goodbye".
mit der rechten Hand winken
Italien sagt „Addio",
mit beiden Händen winken
dann ist der Tag vorbei.
beide Hände hinter dem Rücken verschwinden lassen

Die Spielleitung verabschiedet die Kinder, indem sie sagt:

Und auch unser Fest ist nun aus.
Wir gehen alle vergnügt nach Haus!

Noten: © Anja Boretzki

Wertschätzende Abschiedsworte

 ab 5 Jahre  Gruppenraum  ca. 10 Minuten

Material: *1 Stift, 1 Körbchen*
Für jedes Kind: *1 Zettel*

Vorbereitung

Die Spielleitung schreibt für jedes Kind auf einen Zettel etwas Wertschätzendes zum Abschied, z. B. „Schön, dass du da warst!" oder „Wir freuen uns, dass du mit uns gefeiert hast". Alle Zettel faltet sie einmal in der Mitte und legt sie in das Körbchen.

Los geht's

Die Kinder sitzen im Stuhlkreis. Ein Kind beginnt und teilt der Gruppe kurz mit, was ihm während des Festverlaufs besonders gut gefallen hat. Anschließend darf es sich aus dem Körbchen einen der gefalteten Zettel herausnehmen und ihn auseinanderfalten. Die Spielleitung liest die Botschaft laut vor. Den Zettel darf das Kind mit nach Hause nehmen.
Im Uhrzeigersinn geht die Abschiedsrunde weiter und das nächste Kind nennt etwas, das ihm am Fest gut gefallen hat, bevor es sich ein „Los" aus dem Körbchen nimmt. So geht es weiter, bis alle Kinder an der Reihe waren.

Gott hat uns lieb

 ab 3 Jahre  Gruppenraum  ca. 5 Minuten

Material: *kein Material nötig*

Los geht's

Die Kinder bilden einen engen Kreis und fassen einander an den Händen. Gemeinsam sprechen sie:

**Gott hat uns lieb. Das Fest ist aber aus.
Tschüss, wir gehen in die Welt hinaus.**

Während der zweiten Zeile gehen die Kinder bei jeder Silbe einen Schritt rückwärts. Am Ende lassen sie die Hände der anderen los und winken einander zu.
Die Spielleitung bedankt sich bei den Kindern für die aktive Teilnahme und beendet das Fest mit ein paar wohlwollenden Worten. Sie stellt vor allem die Dinge heraus, die ihr besonders positiv während des Festverlaufs aufgefallen sind.

Gott, wir danken dir für die gute Ernte

Einführung – Erntedank feiern und frühstücken

Gott sei Dank, wir haben genügend zu essen und zu trinken! Das ist jedoch keineswegs selbstverständlich und überall auf der Welt gegeben. Es ist deshalb kein Zufall, dass in nahezu allen Kulturen das Erntedankfest fest verwurzelt ist, um Gott, dem Schöpfer der Welt, zum Abschluss der Ernte für all die guten Gaben zu danken.
In der katholischen und evangelischen Kirche wird das Fest am ersten Sonntag im Oktober gefeiert. Dabei werden in vielen Kirchen die Altäre festlich geschmückt, u. a. mit saisonalem Obst und Gemüse. In ländlichen Regionen findet sich häufig eine Erntekrone, die traditionell aus den vier Getreidesorten Roggen, Weizen, Hafer und Gerste gebunden ist.
Viele Kitas veranstalten um diesen Zeitpunkt herum ein kleines Fest, das nicht nur religiöse, sondern auch eine pädagogische Bedeutung hat. Denn viele Kinder erleben nicht oder nur selten, wie z. B. Getreide, Obst und Gemüse angepflanzt werden, oder wissen nicht, wie etwa die Milch in die Packung kommt.
In diesem Kapitel stellen wir Ihnen ein kleines Erntedankfest vor, für das jedes Kind etwas Obst oder Gemüse von zu Hause mitbringt. Sie können stattdessen aber auch gemeinsam mit den Kindern im Park oder im Wald z. B. Walnüsse oder Esskastanien sammeln oder bei einem Bauern ein paar Äpfel pflücken. Die weiteren Dinge für ein gemeinsames Frühstück, wie Brot, Milch, Käse und Butter, besorgen Sie.
Alle Angebote können Sie nacheinander durchführen. Gemeinsam mit den Kindern dekorieren Sie einen schönen Erntedanktisch für das Fest. Dieser kann z. B. mit Windlichtern, saisonalen Blumen, buntem Laub, Beerenzweigen, Hagebutten und Kornähren besonders herbstlich und einladend geschmückt werden.
Das Ziel der Angebote in diesem Kapitel besteht darin, den Kindern insbesondere saisonale Lebensmittel ganz bewusst nahezubringen. Sie sollen wissen, woher die Lebensmittel kommen, wie sie verzehrt werden und erfahren, dankbar zu sein für das, was sie haben. Dabei können sie auch Gott für die Ernte und ihre Freude daran danken und die guten Gaben mit denen teilen, die nicht genug haben, so wie Jesus es tat.

Unser Erntedanktisch

 ab 3 Jahre  Gruppenraum  ca. 10 Minuten

Material: *Begrüßungsspiel oder -lied (S. 10 bis 13), 1 kleiner Tisch, 1 grüne Tischdecke, 1 Klangschale, evtl. saisonale Dekoelemente (z. B. Nüsse, Beerenzweige, Hagebutten)*

Für jedes Kind: *1 Sorte Obst oder Gemüse (ggf. von zu Hause)*

Los geht's

Zum Erntedank gehört die liturgische Farbe Grün, die Wachsen, Hoffnung und Leben symbolisiert. Die Spielleitung bereitet gemeinsam mit den Kindern den Erntedanktisch mit der grünen Tischdecke und der Dekoration so vor, dass genügend Platz für Obst und Gemüse bleibt.

Die Kinder setzen sich in den Stuhlkreis um den geschmückten Erntedanktisch. Jedes Kind hält sein mitgebrachtes Obst oder Gemüse in der Hand. Die Spielleitung schlägt die Klangschale an und deutet mit dem Schlägel auf ein Kind. Dieses zeigt sein mitgebrachtes Obst oder Gemüse und platziert es auf dem Tisch in der Kreismitte. Es erzählt, wo das Obst/Gemüse wächst und wie es dieses am liebsten isst.

Anschließend erklingt die Klangschale und das nächste Kind im Uhrzeigersinn ist dran. Wenn alle dran waren, lädt die Spielleitung zu einem Begrüßungsspiel oder -lied ein.

Vor dem Frühstück

 ab 3 Jahre  Gruppenraum  ca. 5 Minuten

Material: *Erntedanktisch (siehe oben „Unser Erntedanktisch")*

Los geht's

Die Kinder sitzen im Stuhlkreis um den Erntedanktisch. Alle sprechen gemeinsam:

Gott, wir danken dir für die guten Gaben,
die wir hier in unserer Kreismitte haben.
Lasst uns ein schönes Erntedankfest machen.
Miteinander teilen wir dann auch all die Sachen.

Unser Erntedank-Frühstückstisch

 ab 3 Jahre  Gruppenraum  ca. 10 Minuten

Material: *1 herbstliche Dekoration, saisonale Lebensmittel (z. B. Äpfel, Birnen, Trauben, Haselnüsse), Brot, Butter, Brotbelag, Milch, Tee*

Für jedes Kind: *Frühstücksgedeck*

Vorbereitung

Die Spielleitung deckt den Frühstückstisch und dekoriert herbstlich.

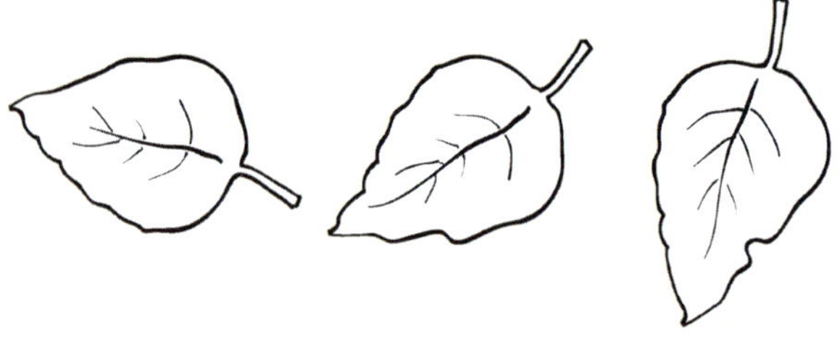

Bedenken Sie bei allen Angeboten mit Lebensmitteln eventuelle Allergien der Kinder und bieten Sie ggf. Alternativen an.

Los geht's

Die Kinder sitzen am Frühstückstisch und betrachten die Lebensmittel. Die Spielleitung stellt Fragen nach folgendem, altbekanntem Spielprinzip:

Auf dem Tisch befinden sich viele gute Gaben. Wer weiß, was ich meine, und kann es sagen? Ein Tipp: Es wächst in den Weinbergen und schmeckt süß.

Wurde die richtige Antwort (hier: Trauben) genannt, stellt die Spielleitung eine weitere Frage. Auf diese Weise entdecken die Kinder die Lebensmittel bewusst.

Am Frühstückstisch

 ab 3 Jahre  Gruppenraum  ca. 30 Minuten

Material: *gedeckter Erntedank-Frühstückstisch (siehe oben „Unser Erntedank-Frühstückstisch")*

Los geht's

Die Kinder sitzen zusammen am Frühstückstisch und überlegen jeweils, was sie gleich essen möchten. Sie bitten einander der Reihe nach, die Lebensmittel anzureichen, an die sie selbst nicht herankommen. Immer wenn ein Kind etwas Leckeres erhalten hat, bedankt es sich bei dem überreichenden Kind. Sobald alle das Gewünschte auf dem Teller und im Becher haben, fassen sich die Kinder an den Händen und sprechen gemeinsam:

Gott, wir danken dir für die guten Gaben, die wir auf unserm Frühstückstisch haben.

Die Kinder wünschen sich gegenseitig einen „Guten Appetit" und frühstücken.

Danke, lieber Gott!

 ab 3 Jahre  Gruppenraum  ca. 5 Minuten

Material: *kein Material nötig*

Los geht's

Während die Spielleitung das Fingerspiel spricht, führt sie gemeinsam mit den Kindern die entsprechenden Bewegungen aus:

Danke, lieber Gott, für all die guten Gaben.
alle Finger zappeln lassen
Wir sind nun satt, das möchten wir dir sagen.
mit der Hand kreisförmig den Bauch streicheln
Danke, lieber Gott, dass wir Kraft bekommen haben.
einen Oberarm anwinkeln und anspannen
Wir haben dich lieb, das möchten wir dir sagen.
mit den Daumen und Zeigefingern einen Herzumriss andeuten

„Wir danken Gott, dem Herrn"

Text und Musik: Christian Hüser und Frank Fermate

Refrain 1:
Wir danken Gott, dem Herrn,
für alles, was wir haben:

1. für die Sonne und den Regen
   und für seinen Erntesegen.

Refrain 2:
Wir danken Gott, dem Herrn,
für all die vielen Gaben.

2. für das Trinken und das Essen,
   wollen wir auch andere nicht vergessen.
3. denn wir teilen und wir beten,
   wollen in den Kreis eintreten.
4. für den Frieden auf der Erde
   und dass Liebe immer werde.
5. für die Sonne und den Regen
   und für seinen Erntesegen.

Wir danken Gott, dem Herrn

 ab 3 Jahre  Gruppenraum  ca. 10 Minuten

Material: *Lied „Wir danken Gott, dem Herrn" (S. 22, CD Lied 2)*

Los geht's

Die Kinder stehen im Kreis und falten zu Beginn die Hände. Dann singen sie gemeinsam mit der Spielleitung das Lied und führen dabei pro Strophe eine Bewegung durch:

Refrain 1:
Hände falten

1. Strophe:
Hand mit gespreizten Fingern zeigen und alle Finger in der Luft zappeln lassen

Refrain 2:
Hände falten

2. Strophe:
so tun, als würde man essen und trinken

3. Strophe:
einen Schritt in Richtung Kreismitte gehen

4. Strophe:
mit beiden Daumen und Zeigerfingern ein Herz zeigen

5. Strophe:
Hand mit gespreizten Fingern zeigen und alle Finger in der Luft zappeln lassen

Am Ende falten die Kinder erneut ihre Hände und sagen: **„Wir danken Gott, dem Herrn, für alles, was wir haben!"**

Tanzende Kinder und Noten: © Anja Boretzki

Erntedank! Gott sei Dank!

 ab 5 Jahre  Gruppenraum  ca. 15 Minuten

Material: *Lied „Wir danken Gott, dem Herrn" (S. 22, CD Lied 2)*

Los geht's

Die Kinder sitzen im Stuhlkreis und überlegen mit Unterstützung der Spielleitung, welche saisonalen Lebensmittel sich auf einem Erntedanktisch befinden können. Anschließend spielen sie ein Merkspiel nach altbekanntem Spielprinzip. Ein Kind beginnt und sagt z. B. „Zum Essen haben wir Äpfel!". Daraufhin singt die Gruppe gemeinsam die erste Zeile des Liedes: „Wir danken Gott, dem Herrn, für alles, was wir haben!"

Das im Uhrzeigersinn nächste Kind wiederholt das genannte Lebensmittel und fügt etwas Neues hinzu, z. B. „Zum Essen haben wir Äpfel und Birnen!". Danach wird wieder gemeinsam die erste Liedzeile gesungen.

Auf diese Weise wird die Lebensmittelliste mit jedem Kind länger. Sollte ein Kind nichts Neues hinzufügen oder gar das zuvor Gesagte nicht wiederholen können, dürfen die übrigen Kinder behilflich sein. Wenn alle an der Reihe waren, ist das Spiel beendet.

Variante für jüngere Kinder ab 3 Jahre

Das Spielprinzip bleibt gleich. Allerdings nennt das Kind, das an der Reihe ist, nur ein neues Lebensmittel. Die Wiederholung fällt weg.

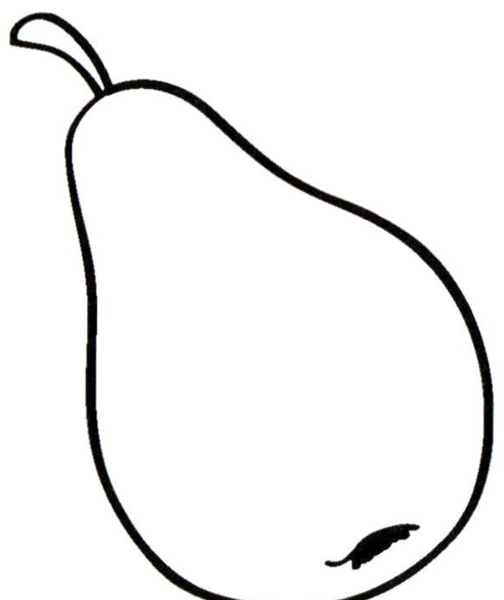

Was wächst da auf Baum und Acker?

 ab 5 Jahre  Gruppenraum  ca. 10 Minuten

Material: *kein Material nötig*

Vorbereitung

Die Spielleitung erstellt eine Liste mit Lebensmitteln, die auf dem Acker und auf Bäumen wachsen.

Beispiele

Acker: Kürbis, Getreide, Mais, Feldsalat, Kartoffeln

Bäume: Äpfel, Birnen, Pflaumen, Kirschen, Esskastanien.

Los geht's

Die Spielleitung bespricht mit den Kindern im Stuhlkreis, welche Lebensmittel auf dem Acker (z. B. Getreide, Kürbisse) und welche am Baum (z. B. Äpfel, Birnen) wachsen.

Die Spielleitung nennt nun verschiedene Lebensmittel. Immer wenn sie eines erwähnt, das auf dem Acker wächst, bleiben die Kinder im Kreis sitzen. Wird ein Lebensmittel genannt, das am Baum wächst, stehen sie auf und bleiben vor ihren Stühlen stehen. Nach jeder Spielrunde löst die Spielleitung das Rätsel gleich, sodass die Kinder sofort erfahren, ob sie mit ihrer Antwort richtig oder falsch lagen. So wird einige Spielrunden lang gespielt.

Ich danke Gott, dem Herrn

 ab 4 Jahre  Gruppenraum  ca. 10 Minuten

Material: *Lied „Wir danken Gott, dem Herrn" (S. 22, CD Lied 2), 1 Klangschale oder 1 Triangel, 1 Regenmacher, 1 Handtrommel*

Für alle Kinder: *1 Rassel*

Los geht's

Die Kinder sitzen im Kreis. Die Spielleitung teilt die Instrumente aus und liest dann laut und deutlich den Liedtext vor. Währenddessen machen die Kinder die entsprechenden Bewegungen bzw. lassen die Instrumente erklingen. Danach wird gesungen und begleitet.

Refrain 1:
Wir danken Gott, dem Herrn,
für alles, was wir haben:
Hände falten

1. **für die Sonne und den Regen**
erst die Klangschale/Triangel, dann der Regenmacher
und für seinen Erntesegen.
alle Rasseln

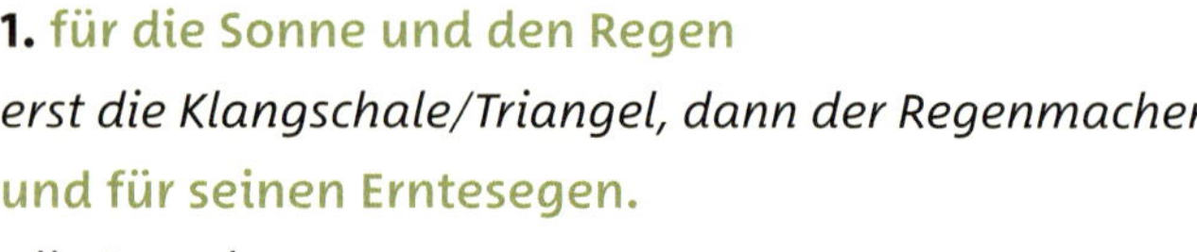

Refrain 2:
Wir danken Gott, dem Herrn,
für all die vielen Gaben.
Hände falten

2. **für das Trinken und Essen,**
wollen wir auch andere nicht vergessen.
Regenmacher und Rasseln

3. **denn wir teilen und wir beten,**
wollen in den Kreis eintreten.
mit den Fingerspitzen kreisförmig auf der Trommel reiben

4. **für den Frieden auf der Erde**
und dass Liebe immer werde.
Klangschale/Triangel

5. **für die Sonne und den Regen**
und für seinen Erntesegen.
erst die Klangschale/Triangel, dann der Regenmacher

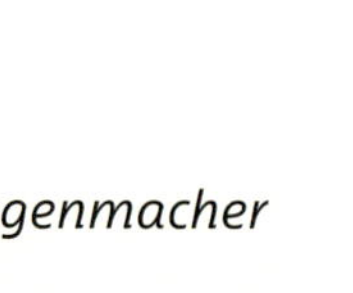

Erntedank-Collage

 ab 3 Jahre  Gruppenraum  ca. 30 Minuten

Material: *Lied „Wir danken Gott, dem Herrn" (S. 22, CD Lied 2), Werbeprospekte, Scheren, Klebstifte, Wachstischdecke*

Für vier bis sechs Kinder: *1 grünes Tonpapier (DIN A3)*

Vorbereitung

Die Spielleitung bereitet die Basteltische vor und legt das Material bereit.

Los geht's

Kleingruppen von vier bis sechs Kindern sitzen um einen Basteltisch. Die Spielleitung sagt an, was jeweils in den Werbeprospekten gesucht und ausgeschnitten werden soll, passend zum Erntedankfest z. B. Äpfel. Die Bilder kleben die Kinder auf das grüne Tonpapier auf.

Nun wird besprochen: Wissen die Kinder auch, woher das Lebensmittel stammt und ob man es roh verzehren kann? Wissen sie auch, was man daraus zubereiten kann? Die Spielleitung fragt dies bei allen ausgeschnittenen und aufgeklebten Lebensmitteln.

Wenn die Erntedank-Collage fertiggestellt wurde, fassen sich alle an den Händen und sagen laut die ersten beiden Zeilen des Liedes auf:

Wir danken Gott, dem Herrn,
für alles, was wir haben.

Erntedank

 ab 3 Jahre  Gruppenraum  ca. 15 Minuten

Material: *Abschiedsspiel oder -lied (S. 14 bis 17), Erntedanktisch (S. 19, „Unser Erntedanktisch")*

Los geht's

Die Kinder sitzen im Abschlusskreis, in dessen Mitte steht der Erntedanktisch. Gemeinsam singt die Gruppe ein Abschiedslied oder spielt ein Abschiedsspiel.

Anschließend nimmt sich jedes Kind das Obst oder Gemüse, das es von zu Hause mitgebracht hat, wieder vom Erntedanktisch. Es darf es mit einem anderen Kind seiner Wahl teilen, falls es möchte. Der Gedanke dahinter ist, die Kinder dafür zu sensibilisieren, nicht nur an sich selbst, sondern auch an andere zu denken, die vielleicht weniger haben.

Sankt Martin, sein Mantel und der Bettler

Einführung – Mit Laternen durch die Straßen

Jedes Jahr rund um den Martinstag am 11. November laufen Groß und Klein Martinslieder singend mit ihren Laternen durch die Straßen. Darüber hinaus findet auch in vielen Kitas ein Fest zu Ehren von Sankt Martin statt. Viele Kinder kennen Sankt Martin. Doch wissen sie auch, wer dieser besondere Mann war, der eigentlich kein Bischof werden wollte, aber 372 n. Chr. dazu ausersehen wurde, Bischof von Tours zu werden?

Eines sei an dieser Stelle jetzt schon verraten: Sankt Martin ist neben dem Nikolaustag eines der Feste, das nicht nur christliche Familien emotional berührt und begeistert. Durch die Teilung seines Mantels brachte Martin Nächstenliebe, Bescheidenheit und Großzügigkeit zum Ausdruck. Diese Werte, die in der Geschichte vom heiligen Martin vermittelt werden, fördern emotionale und soziale Kompetenzen, die Kinder für ihr Weiterkommen brauchen.

In diesem Kapitel stellen wir Ihnen verschiedene Angebote vor, mit denen Sie ein musikalisches und spielerisches Sankt-Martin-Fest in Ihrer Gruppe feiern können. Anstelle eines aufwändigen großen Laternenumzugs, der nicht überall und zu jeder Zeit möglich ist, können die Kinder so in erster Linie viel Licht in die Kita bringen und dabei die Geschichte von Sankt Marin und seinem Mantel kennenlernen.

Für ein kleines Rollenspiel im Gruppenraum, das sich auf die Legende von der Teilung des Mantels bezieht, können Sie möglicherweise zwei schauspielernde Erwachsene, vielleicht auch aus einer anderen Gruppe, mit ins Boot nehmen.

Auf keinen Fall fehlen dürfen die vielen hell erleuchteten Laternen, die die Kinder ein paar Tage vor dem Fest basteln oder von zu Hause mitbringen können. Für das leibliche Wohl beim Fest bieten sich zu einem Kinderpunsch Martinsgänse oder Weckmänner bzw. Stutenkerle aus Hefeteig an. Sie gehören zu den Klassikern. Sie können sie entweder in der Bäckerei kaufen oder gar selbst backen.

Willkommen im Lichterkreis

 ab 3 Jahre  Gruppenraum  ca. 15 Minuten

Material: *Begrüßungsspiel oder -lied (S. 10 bis 13), 1 Laterne mit LED-Kerze, Tonpapierstücke in Gelb, Orange und Rot, Schere*

Für jedes Kind: *1 LED-Teelicht*

Vorbereitung

Die Spielleitung schneidet für jedes Kind ein kleines Herz (Schablone, siehe unten) aus Tonpapier aus und bereitet einen großzügigen Stuhlkreis vor. In dessen Mitte stellt sie die Laterne mit eingeschalteter LED-Kerze. Die Herzen ordnet sie kreisförmig um die Laterne herum an.

Los geht's

Die Spielleitung lädt die Kinder nacheinander in den Stuhlkreis ein. Dabei begrüßt sie jedes Kind namentlich und übergibt ihm ein LED-Teelicht. Dieses schaltet das Kind ein, stellt es auf ein Herz aus Tonpapier und setzt sich auf einen Stuhl. Gemeinsam singen sie ein Begrüßungslied oder spielen ein Begrüßungsspiel.

Weshalb gehen wir mit der Laterne?

 ab 3 Jahre  Gruppenraum  ca. 10 Minuten

- **Material:** *Lied „Sankt Martin" (S. 33, CD Lied 3), CD-Player*
- **Für jedes Kind:** *1 Laterne mit LED-Beleuchtung*

Los geht's

Die Kinder sitzen in einem großzügig gestellten Stuhlkreis und stellen ihre leuchtenden Laternen vor ihren Füßen ab. Die Spielleitung liest den folgenden Text laut vor und macht dazu die passenden Bewegungen vor. Die Kinder dürfen sofort mitmachen:

Wisst ihr eigentlich, weshalb es einen Laternenumzug zu Sankt Martin gibt?
sich am Kopf kratzen und auf die Laternen ringsherum deuten
Martin war ein römischer Soldat und sah einen armen Mann in der Kälte sitzen.
Arme um den eigenen Körper legen, zittern und mit den Zähnen hörbar klappern
Er teilte seinen Mantel in zwei Hälften und gab eine davon dem armen Mann.
Der arme Mann freute sich sehr und wurde so vor dem Kältetod bewahrt.
vor Freude klatschen
Martin vollbrachte nicht nur die eine gute Tat, sondern tat viel Gutes.
Er wurde sehr gläubig und lebte deshalb nach der Lehre Jesu Christi.
Hände falten
Das gefiel den Leuten und so wurde er zu einem sehr beliebten Bischof seiner Zeit.
Denn er brachte durch seine guten Taten ganz viel Licht ins Dunkle.
Mancherorts gibt es bis heute deshalb ein großes Martinsfeuer oder gar einen großen Laternenumzug zu Sankt Martin.

Die Spielleitung spielt das Lied ab. Alle Kinder stehen auf und gehen mit ihren Laternen im Takt hintereinander im Uhrzeigersinn im Kreis herum. Wer möchte, singt mit oder summt einfach nur die Melodie.

Bring mir das Licht

 ab 3 Jahre  Gruppenraum  ca. 10 Minuten

Material: *Lied „Sankt Martin" (S. 33, CD Lied 3), 1 Laterne mit 1 LED-Teelicht, ggf. 1 Klangschale*

Los geht's

Alle Kinder sitzen im Stuhlkreis. Die Spielleitung hält eine Laterne mit einem eingeschalteten LED-Teelicht in der Hand. Sie reicht diese im Uhrzeigersinn an das Kind neben sich weiter und nimmt die Klangschale. Während die Laterne im Kreis herumwandert, schlägt die Spielleitung jedes Mal die Klangschale an, wenn ein Kind seinem linken Nachbarskind die Laterne übergibt. Alternativ kann gemeinsam das Lied „Sankt Martin" gesungen werden oder das Musikstück leise im Hintergrund abgespielt werden.

Wer kennt Sankt Martin?

 ab 5 Jahre  Gruppenraum  ca. 10 Minuten

Material: *kein Material nötig*

Vorbereitung

Die Spielleitung überlegt sich Behauptungen über Sankt Martin, die sie nennen kann.

Los geht's

In diesem kleinen Sankt-Martins-Quiz kann die Spielleitung das Wissen der Kinder über den heiligen Martin prüfen bzw. es wiederholen. Alle sitzen im Kreis und die Spielleitung behauptet verschiedene Dinge in Bezug auf Sankt Martin. Manches stimmt, manches nicht.
Wenn eine Behauptung genannt wird, z. B. „Martin teilt seinen Mantel und gibt eine Hälfte einem armen Bettler", stehen die Kinder auf, die der Meinung sind, dass es wahr ist. Alle, die die Behauptung für falsch halten, bleiben sitzen.
Die Spielleitung löst das Rätsel auf, bevor sie etwas Neues behauptet. Nach ein paar Durchgängen ist das Quiz beendet.

Die Martinsgänse

 ab 3 Jahre  Gruppenraum  ca. 10 Minuten

Material: *1 Klangschale, 1 Handtrommel, 1 Rätsche*

Für jedes Kind: *1 Rhythmusinstrument, z. B. Rassel, Klangstab, Tamburin*

Los geht's

Die Spielleitung teilt die Rhythmusinstrumente im Stuhlkreis aus und legt für sich eine Klangschale, eine Handtrommel und eine Rätsche bereit. Bevor sie den unten stehenden Text vorliest und die dazu passenden Instrumente zum Einsatz bringt, erzählt sie den Kindern, dass es zu Sankt Martin auch oft leckere Martinsgänse zu essen gibt, z. B. aus Hefeteig. Was hat es denn mit den Martinsgänsen auf sich?

Martin war ein sehr guter und frommer Mann.
Klangschale anschlagen
Das gefiel den Leuten und so fing die Story an.
Sie wollten ihn alle sehr gerne als Bischof dann.
alle Instrumente erklingen lassen
Er war sehr bescheiden und wollte nichts dazu sagen.
Er versteckte sich und niemand sollte nach ihm fragen.
auf der Trommel reiben
Ihn zu finden, war wirklich schwer.
Die Gänse im Stall schnatterten jedoch sehr.
Rätsche erklingen lassen
Er kam aus dem Gänsestall schließlich heraus,
es kommt zum Happy End und die Story ist aus.
trommeln und vor Freude klatschen
Er wurde zum Bischof geweiht zur Freude der Leute.
Klangschale anschlagen
Sankt Martin ist einer der beliebtesten Bischöfe bis heute.
alle Instrumente erklingen lassen

„Sankt Martin“

Text und Musik: volkstümlich, vom Niederrhein

1. Sankt Martin, Sankt Martin,
Sankt Martin ritt durch Schnee und Wind,
sein Ross, das trug ihn fort geschwind.
Sankt Martin ritt mit leichtem Mut,
sein Mantel deckt' ihn warm und gut.

2. Im Schnee saß, im Schnee saß,
im Schnee da saß ein armer Mann,
hatt' Kleider nicht, hatt' Lumpen an.
O, helft mir doch in meiner Not,
sonst ist der bittere Frost mein Tod!

3. Sankt Martin, Sankt Martin,
Sankt Martin zog die Zügel an,
sein Ross stand still beim armen Mann.
Sankt Martin mit dem Schwerte teilt
den warmen Mantel unverweilt.

4. Sankt Martin, Sankt Martin,
Sankt Martin gab den halben still,
der Bettler rasch ihm danken will.
Sankt Martin aber ritt in Eil
hinweg mit seinem Mantelteil.

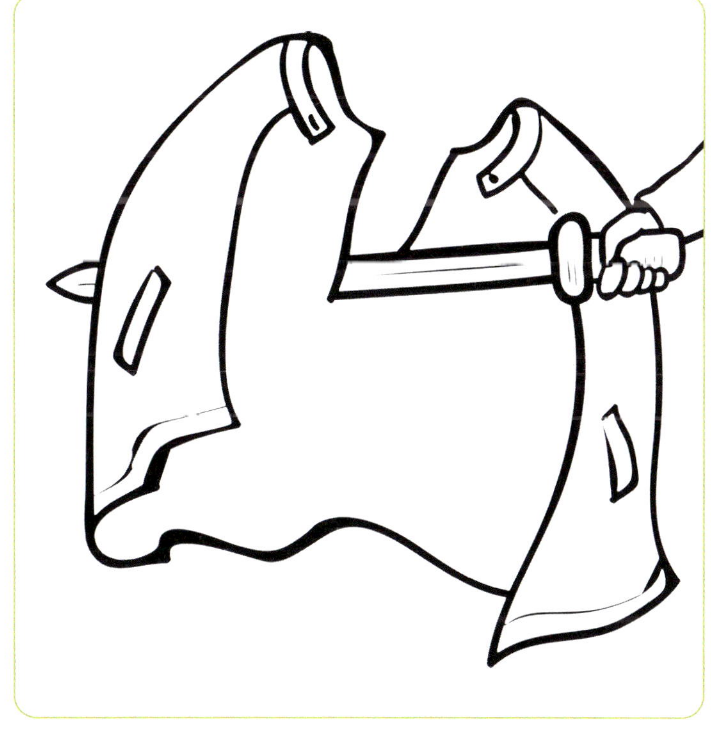

Sankt Martin

 ab 5 Jahre  Gruppenraum  ca. 15 Minuten

Material: *1 Steckenpferd (Improvisation: Besen mit Eimer über der Bürste und Henkel als Zügel), 1 Schwert aus Pappe oder Plastik, 2 große, einfarbige Tücher*

Vorbereitung

Ein Kind stellt Sankt Martin dar, eines den Bettler. Die Spielleitung erklärt den beiden vorab, was gespielt wird. Es werden zwei gleich große, einfarbige Tücher, aufeinanderliegend, Sankt Martin als Umhang um den Hals gelegt und dort verknotet. Er bekommt das Steckenpferd sowie das Schwert.

Los geht's

Alle Kinder stehen im Kreis, Sankt Martin steht außerhalb des Kreises. Der Bettler sitzt in der Kreismitte auf dem Boden mit verschränkten Armen und tut so, als ob er friert. Die Kinder im Stuhlkreis singen das Lied „Sankt Martin" und beobachten, was geschieht:

1. und 2. Strophe:
Sankt Martin reitet auf dem Steckenpferd direkt in den Kreis Richtung Bettler und dann bis zum Ende der zweiten Strophe um ihn herum.

3. Strophe:
Sankt Martin legt sein Steckenpferd zur Seite und zieht seinen Umhang aus. Er tut so, als würde er diesen mit seinem Schwert in der Mitte durchschneiden und trennt die beiden Tücher voneinander, indem er den Knoten löst.

4. Strophe:
Sankt Martin gibt dem Bettler eines der Tücher und behält das andere. Er schnappt sich sein Steckenpferd und reitet in den Außenkreis davon.

Erzähl uns, was du teilst

 ab 5 Jahre  Gruppenraum  ca. 20 Minuten

Material: *1 goldfarbenes Papier (DIN A5), 1 Schere, 1 Stift, Herz-Schablone (S. 29)*

Vorbereitung

Die Spielleitung zeichnet mithilfe der Schablone ein Herz auf das Goldpapier.

Los geht's

Die Kinder sitzen im Kreis und erzählen reihum, was sie schon einmal mit einem anderen Kind geteilt haben. Das können z. B. Spielsachen, Mal- und Bastelsachen oder gar das eigene Butterbrot sein. Die Spielleitung schneidet gleichzeitig das Herz aus dem Goldpapier aus und gibt es dem Kind, das gerade berichtet, was es geteilt hat. Das Herz soll auf die gute Tat hinweisen. Danach erzählt ein weiteres Kind, wie es etwas mit einem anderen Kind geteilt hat, und bekommt das Herz von dem ersten Kind überreicht. Die Gesprächsrunde geht weiter, bis alle Kinder, die wollten, an der Reihe waren.

In zwei Hälften teilen

 ab 3 Jahre  Gruppenraum  ca. 10 Minuten

Material: *1 goldenes Herz (siehe oben)*

Los geht's

Die Kinder sitzen im Kreis und die Spielleitung fragt, welche Dinge man in zwei Hälften teilen kann, z. B. ein Stück Brot, ein Malpapier, Knetmasse, Kaugummi.

Die Kinder antworten der Reihe nach im Uhrzeigersinn. Dabei hält das Kind, das gerade das Wort hat, das goldene Herz in der Hand. Wer sich nicht äußern möchte, gibt das goldene Herz einfach direkt weiter. Falls kein Kind Sankt Martins Mantel erwähnt, weist die Spielleitung auf ihn hin.

Das Spiel ist vorbei, sobald das goldene Herz wieder bei dem ersten Kind angekommen ist und somit alle Kinder an der Reihe waren.

Variante

Alle Kinder, die etwas sagen möchten, stehen auf. Die Spielleitung wählt eines aus, das das goldene Herz erhält. Sobald das Kind geantwortet hat, sucht es sich ein neues Kind aus, das vor seinem Stuhl steht, und überreicht ihm das goldene Herz. Das erste Kind setzt sich wieder hin. Das zweite antwortet und reicht das Herz dann ebenfalls weiter. Auf diese Weise geht es immer weiter, bis alle Kinder wieder sitzen.

Martinsgans teilen

 ab 3 Jahre 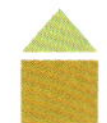 Gruppenraum  ca. 15 Minuten

Material: *1 Schüssel, Kinderpunsch o. Ä.*
Für jedes Kind: *1 Teller, 1 Tasse, 1 Martinsgans oder Stutenkerl aus Hefeteig*

Los geht's

Die Kinder sitzen am gedeckten Tisch. Die Spielleitung schenkt Getränke aus und stellt die Schüssel mit dem Gebäck in die Tischmitte. Sie bestimmt ein Kind, das sich aus der Schüssel ein Gebäckstück herausnimmt und es mit einem anderen Kind, das möchte, teilt. Danach ruft die Spielleitung ein weiteres Kind auf, das sich ebenfalls aus der Schüssel etwas Leckeres aussucht und mit einem anderen Kind teilt usw. Bevor die Kinder gemeinsam die Köstlichkeiten verzehren, sprechen sie ein Tischgebet, z. B. folgendes:

Danke, lieber Gott, für die guten Gaben,
die wir heute auf unserem Tisch haben.
Wie Sankt Martin teilten wir auch gern.
Denn Nächstenliebe ist uns nicht fern.

Hinweis

Die Gebäckstücke, die übrig bleiben, können die Kinder am Ende des Spiels „Vorsätze am Martinsfeuer" (S. 37) miteinander teilen.

Wir teilen gerne

 ab 3 Jahre  Gruppenraum  ca. 5 Minuten

Material: *kein Material nötig*

Los geht's

Die Spielleitung spricht das Fingerspiel und macht die Bewegungen. Die Kinder machen mit.

Wir spielen, tanzen und lachen
Fingerspitzen beider Hände aufeinanderlegen
und teilen gerne folgende Sachen:
Spielsachen, Malsachen, Bastelsachen,
Werksachen und Anziehsachen.
Bei jeder Gegenstandnennung strecken die Kinder, ausgehend von den Daumen, die Finger voneinander weg.
Das freut alle Leute so sehr.
Deshalb teilen wir immer mehr.
Finger in der Luft zappeln

Sprung über das Martinsfeuer

 ab 3 Jahre  Turnraum  ca. 10 Minuten

Material: *einige kleine Holzstücke, Chiffontücher in Gelb, Orange und Rot, 1 Triangel*

Vorbereitung

Die Spielleitung ordnet auf dem Boden ein paar Holzstücke für ein „Martinsfeuer" an, und zwar so, dass jedes Kind bequem über die Hölzer springen oder einfach steigen kann. Darüber legt sie die zerknüllten Chiffontücher, die das Feuer darstellen.

Los geht's

Die Spielleitung erklärt den Kindern, dass nicht nur die Laternen, sondern auch ein Freudenfeuer, das zu Ehren des heiligen Martin entzündet wird, Licht ins Dunkel bringt. Das Überspringen des Martinsfeuers kann viel Glück bringen.

Die Kinder bilden, ca. 3 m vom Martinsfeuer entfernt, eine Schlange. Sobald die Spielleitung die Triangel anschlägt, läuft das vorderste Kind los. Es rennt zum Martinsfeuer und überspringt es. Dabei applaudieren die übrigen Kinder. Dann läuft das Kind zu seiner Gruppe zurück und stellt sich hinten an. Wenn wieder die Triangel erklingt, läuft das nächste Kind los. Das Spiel geht weiter, bis alle Kinder wieder so wie am Anfang in einer Reihe stehen. Wenn die Kinder möchten, springen sie noch eine Runde.

Vorsätze am Martinsfeuer

 ab 3 Jahre  Turnraum  ca. 15 Minuten

Material: *Martinsfeuer (siehe oben „Sprung über das Martinsfeuer"), 1 Schüssel, übrig gebliebene Gebäckstücke (S. 36)*

Los geht's

Die Kinder bilden um das Martinsfeuer einen Abschlusskreis. Sie fassen einander an den Händen und die Spielleitung spricht:

Bevor die Spielleitung das Fest beendet, teilen die Kinder die übrigen Gebäckstücke miteinander.

Wir stehen zusammen am Martinsfeuer hier im Abschlusskreis.
Das Martinsfest kommt erst nächstes Jahr wieder, wie jeder weiß.
Wir versprechen uns, dass wir fortan noch mehr Gutes machen,
wie Teilen, Helfen, Füreinander-da-Sein und andere tolle Sachen.

Chanukka: Licht inmitten der dunklen Jahreszeit

Einführung – Es wird dunkel! Lasst uns das Lichterfest feiern!

Das 8-tägige jüdische Lichterfest Chanukka, das auch „Hanukkah" genannt wird, beginnt jedes Jahr am 25. Tag des hebräischen Monats Kislev (im November bzw. Dezember). Das Fest erinnert an drei wichtige Ereignisse vor rund 2000 Jahren: die Errettung Israels aus der griechischen Herrschaft, die Wiedereinweihung des zweiten Tempels in Jerusalem und an ein Lichtwunder. Der Überlieferung zufolge brannte das letzte reine Öl, das lediglich für einen Tag ausgereicht hätte, acht Tage lang im Tempel. Chanukka wird so ähnlich wie das christliche Weihnachtsfest insbesondere im Kreis der Familie, oft auch zusammen mit Freund*innen und Verwandten gefeiert, um an die Ereignisse von damals zu erinnern. Mancherorts werden an jedem der acht Tage Geschenke an die Kinder verteilt. Der Ursprung liegt in einem alten Brauch, der „Chanukka-Geld" genannt wird. Auf keinen Fall fehlen darf ein Leuchter mit acht gleich hohen, in einer Reihe angeordneten Armen. Manche Leuchter haben sogar eine höher stehende neunte Kerze in der Mitte. Diese exponierte Kerze ist die sogenannte „Schamach-Kerze", mit der an jedem Chanukka-Tag eine weitere Kerze entzündet wird, sodass am achten Tag bzw. am Ende der Chanukka-Zeit alle Lichter leuchten.

In diesem Kapitel lesen Sie, wie Sie mithilfe von Spielstationen ein Stück weit die fröhlichen Chanukka-Tage und dadurch das jüdische Lichterfest mit Ihren Gruppenkindern feiern können. Mithilfe von Gesang, Spiel und Tanz erfahren die Kinder auch etwas mehr über die Hintergründe und Bräuche rund um Chanukka. Besonders schön ist es, wenn die Kinder z. B. unmittelbar nach der Durchführung der Spielstationen ihr zweites Frühstück zu sich nehmen und dabei genauso wie jüdische Familien abends zu Hause eine Ölspeise, wie Pfann- und Reibekuchen oder Krapfen, verzehren. Derartige Speisen, die Kindern oftmals besonders gut schmecken, sind geradezu ideal, um jedes Kind auf eine höchst sinnliche Weise an das Wunder des brennenden Öls im Tempel zu erinnern.

Lichterfüllte Glückseligkeit

 ab 3 Jahre  Gruppenraum  ca. 10 Minuten

Material: *Begrüßungsspiel oder -lied (S. 10 bis 13), 1 kleiner Tisch, 1 gekaufter oder gebastelter Chanukka-Leuchter (S. 43), passende LED-Kerzen*

Los geht's

Die Kinder bilden einen Sitzkreis, in dessen Mitte auf einem kleinen Tisch der Chanukka-Leuchter steht. Die Spielleitung sucht acht (= Zahl der Chanukka-Festtage) Kinder aus. Sie kommen nacheinander in die Kreismitte und schalten von links nach rechts je eine Kerze ein. Dies kann auch mit einem symbolischen „So tun als ob"-Anzünden mit der neunten Chanukka-Kerze in der Mitte des Leuchters verbunden werden. Anschließend wird gemeinsam ein Begrüßungslied gesungen oder ein Begrüßungsspiel gespielt.

„Heut feiern wir das Lichterfest“

G C
Vor ü-ber zwei - tau-send Jah - ren ist ein Wun - der ge-schehn. Im
D G
Tem-pel von Je - ru - sa-lem da konn-te man es sehn. Nach Krieg und auch viel Leid ging's in den
C A D
Tem - pel zu-rück. Ein Licht soll - te er - strah - len, da fand man Öl zum Glück.
C G
Heut fei - ern wir das Lich - ter-fest, Cha - nuk - ka wird's ge-nannt, und
D G C
al - le Ju-den freu-en sich, sind au-ßer Rand und Band. Heut fei-ern wir das Lich-ter-fest, Cha -
G D G
nuk-ka wird's ge-nannt, ge - fei - ert und ge-sung-en wird, bis die letz - te Kerz ver-brannt.

Text und Musik: Christian Hüser und Frank Fermate

1. Vor über zweitausend Jahren
ist ein Wunder geschehn.
Im Tempel von Jerusalem
da konnte man es sehn.

2. Nach Krieg und auch viel Leid
ging's in den Tempel zurück.
Ein Licht sollte erstrahlen,
da fand man Öl zum Glück.

Refrain:
Heut feiern wir das Lichterfest, Chanukka wird's genannt,
und alle Juden freuen sich, sind außer Rand und Band.
Heut feiern wir das Lichterfest, Chanukka wird's genannt,
gefeiert und gesungen wird, bis die letzte Kerz verbrannt.

3. Und dank diesem Tropfen Öl
brannten die Kerzen jetzt hell,
acht Tage lang genau,
die Zeit verging so schnell.

4. An dieses große Wunder
erinnert man sich gern
und feiert drum ein großes Fest
und kommt von nah und fern.

Refrain

5. Gegessen wird dann viel,
Pfannkuchen und Gebäck.
Man zündet dann die Kerzen an,
wenn der Sonnenschein ist weg.

6. Vor zweitausend Jahren
ist ein Wunder geschehen.
Im Tempel in Jerusalem
da konnte man es sehen.

Refrain

Heut feiern wir das Lichterfest

 ab 5 Jahre  Gruppenraum  ca. 15 Minuten

Material: *1 gekaufter oder gebastelter Chanukka-Leuchter (S. 43), passende LED-Kerzen, 1 kleiner Tisch*

Los geht's

Die Kinder bilden einen Kreis, in dessen Mitte der Tisch steht. Darauf befindet sich der Chanukka-Leuchter. Je nachdem, der wievielte Chanukka-Tag gerade ist, schaltet die Spielleitung die entsprechende Anzahl an Kerzen von links nach rechts ein und liest zunächst zum besseren Verständnis den Text vor. Anschließend singen die Kinder gemeinsam das Lied und führen dabei die entsprechenden Bewegungen aus.

1. Strophe:
Arme weit über dem Kopf ausstrecken und sie dann seitlich nach unten zum Oberkörper führen

2. Strophe:
im Takt auf der Stelle gehen, Arme weit über dem Kopf ausstrecken und sie dann seitlich nach unten zum Oberkörper führen

Refrain:
im Rhythmus der Musik Hand in Hand mit den anderen links im Kreis herum gehen

3. Strophe:
zwei Fäuste bilden und acht Finger ausstrecken

4. Strophe:
Arme weit über dem Kopf ausstrecken und sie dann seitlich nach unten zum Oberkörper führen

Refrain:
im Rhythmus der Musik Hand in Hand mit den anderen links im Kreis herum gehen

5. Strophe:
den Bauch reiben und die Bewegungen von Strophe 1 wiederholen

6. Strophe:
Arme weit über dem Kopf ausstrecken und sie dann seitlich nach unten zum Oberkörper führen

Refrain:
im Rhythmus der Musik Hand in Hand mit den anderen links im Kreis herum gehen

Chanukka

 ab 5 Jahre  Gruppenraum  ca. 45 Minuten

Vorbereitung 1:

Material: *4 Bögen weißes Tonpapier (DIN A3), 1 dicker, schwarzer Filzstift, ggf. Klebestreifen, 4 Stifte*

Vorbereitung 2:

Material: *1 weißer oder gelber Stift, 1 Locher*

Für jedes Kind: *1 dunkelblaues Faltpapier (10 x 10 cm), 1 Wollfaden*

Station 1:

Material: *Lied „Heut feiern wir das Lichterfest" (S. 40, CD Lied 4)*

Für jede Kleingruppe: *8 LED-Teelichter, 7 ausgewaschene (gleich große) Marmeladengläser ohne Etikett, 1 größeres Marmeladenglas, 1 Tablett, blauer Dekosand, 1 Kiste zum Bereitstellen der Materialien*

Station 2:

Material: *Scheren, Klebstoff, Wachsmalstifte, 1 Beispielcollage*

Für jedes Kind: *1 Blatt Papier, Lebensmittelprospekte mit Abbildungen von in Öl zubereiteten Speisen oder entsprechende Ausdrucke aus dem Internet*

Station 3:

Material: *Wachsmalstifte, 1 Schale mit Cent- und Euro-Stücken, evtl. Ausmalbilder mit Tieren, Ausdrucke aus dem Internet von Initiativen, die man mit Spenden unterstützen kann, oder Laptop mit Internetzugang*

Für jedes Kind: *1 Blatt Papier*

Station 4:

Material: *1 Dreidel (S. 45), 1 kleine Schüssel*

Für jedes Kind: *4 Spielsteine, Halbedelsteine, Perlen o. Ä.*

Dieses Angebot besteht aus insgesamt vier Spielstationen. Diese stellt die Spielleitung vor Beginn vor. Zudem erhält jedes Kind eine Laufkarte (siehe unten). Jede Station kann von jeweils bis zu sechs Kindern gleichzeitig besucht werden.
Es empfiehlt sich, das Stationenspiel mit mindestens zwei bis drei Personen zu betreuen. Dabei können auch beispielsweise Praktikant*innen unterstützen.

Vorbereitung 1 – Tische markieren

Frei im Raum werden vier Tische verteilt, für jede Station einer. Auf jeden Tisch legt die Spielleitung einen Stift für die Laufkarten. Um die Spielstationen eindeutig zu markieren, knickt die Spielleitung ein weißes DIN-A3-Tonpapier auf der langen Seite einmal in der Mitte, sodass das Schild wie eine Tischkarte aufgestellt oder seitlich angeklebt werden kann. Auf die Vorderseite jeder Tischkarte schreibt sie eine Zahl von 1 bis 4 und malt, passend zu jeder Zahl, dieselbe Anzahl an Punkten daneben.

Chanukka

Vorbereitung 2 – Laufkarten erstellen

Auf jedes Faltpapier schreibt die Spielleitung links am Rand untereinander die Zahlen 1 bis 4. Am oberen Rand locht sie jedes Kärtchen und fädelt dann einen Wollfaden hindurch. Die beiden Fadenenden verknotet sie. Jedes Kind bekommt ein Laufkärtchen um den Hals gehängt, auf dem es dann die einzelnen Spielstationen entweder allein, mithilfe eines älteren Kindes oder einer erwachsenen Person abhakt.

Station 1 – Chanukka-Leuchter basteln

In der Thora ist genau vorgeschrieben, wie eine Menora (7-armiger Leuchter) zu bauen ist. Die Gestaltung des 8- oder 9-armigen Leuchters für Chanukka ist jedoch frei.

Vorbereitung

Die Spielleitung legt das Material bereit.

Los geht's

Mit Unterstützung einer erwachsenen Person bauen die Kinder in einer Kleingruppe einen Chanukka-Leuchter mit neun Armen. Sie befüllen dazu jedes Glas zur Hälfte mit Dekosand. Darauf platzieren sie je ein LED-Teelicht. Auf einem Tablett, das später zur Seite gestellt wird, platzieren sie mittig das große Glas. Links und rechts davon reihen sie jeweils vier kleine Gläser auf. Sie schalten die Lichter in den Gläsern ein. Abschließend singen die Kinder den Refrain des Liedes und gehen dabei Hand in Hand links um den Tisch.

Station 2 – Collage mit in Öl zubereiteten Speisen

An Chanukka werden in Öl zubereitete Speisen verzehrt, die an das Ölwunder erinnern.

Vorbereitung

Die Spielleitung bastelt eine Beispielcollage und legt die Materialien bereit.

Los geht's

Die Kinder schneiden aus den Prospekten bzw. Ausdrucken Lebensmittel aus, die in Öl gebacken und während Chanukka verzehrt werden, z. B. Latkes (Kartoffelpuffer) und Sufganijot (Pfannkuchen/Berliner). Die Ausschnitte werden auf dem Papier zu einer Collage geklebt. Zusätzlich können die Kinder Speisen malen.

Station 3 – Chanukka-Geld

Kinder bekommen an jedem Chanukka-Abend üblicherweise Geld (manchmal auch aus Schokolade) geschenkt. Auf diese Weise sollen sie zum Spenden erzogen werden.

Los geht's

Die erwachsene Person zeigt die Münzen und ausgedruckte Bilder von Initiativen, die Menschen, Tieren oder der Natur helfen, bzw. entsprechende Seiten im Internet. Sie erläutert, dass diese mit Spenden ihre Arbeit finanzieren. Die Kinder überlegen, wem sie Geld spenden würden. Dabei sammeln sie Ideen, wer die Spenden noch gut gebrauchen könnte, z. B. ein Gnadenhof für Tiere. Sie malen Bilder davon.

Hinweis

Für jüngere Kinder liegen Ausmalbilder mit Motiven bereit, die z. B. Tiere zeigen, die sich über eine Futterspende freuen würden.

Station 4 – Das Dreidelspiel

Das Studium der Thora wurde von der griechischen Besatzungsmacht verboten. Dennoch taten es die jüdischen Kinder heimlich, z. B. im Wald. Sobald eine Armeepatrouille vorbeikam, versteckten die Kinder die heiligen Bücher und spielten Dreidel. Zur Erinnerung an damals tun die Kinder das während des Lichterfests immer noch gern.

Los geht's

In jeder Runde setzt jedes Kind einen Spielstein (= legt ihn in die Schüssel). Es wird im Uhrzeigersinn gespielt. Das Kind, das dran ist, dreht den Dreidel, dieser entscheidet:

Nun

Das bedeutet: **N**ichts. Das Kind gewinnt nicht, verliert aber auch nichts.

ג **G**imel

Das bedeutet: **G**anz. Das Kind nimmt alle Spielsteine aus der Schüssel. Alle setzen einen neuen Spielstein.

ה **H**e

Das bedeutet: **H**älfte. Das Kind nimmt die Hälfte der Steine aus der Schüssel.

Schin

Das bedeutet: **S**etze einen. Das Kind legt einen weiteren Spielstein in die Schüssel. Falls das nicht möglich sein sollte, scheidet es aus.

Ein Kind, das keine Spielsteine mehr hat, scheidet aus. Die anderen spielen weiter, bis eine Person alle Spielsteine hat.

Einen Dreidel basteln

KOPIERVORLAGE

Material

Schere, Klebstoff, ggf. Tonpapier zum Verstärken

Anleitung

Vorlage kopieren, ausschneiden, an den Linien knicken, schräge Flächen mit Klebstoff bestreichen und Dreidel zusammenkleben; das X in der Mitte leicht einschneiden, einen kurzen Stift mit der Stiftspitze nach unten durch die Öffnung stecken – so kann man den Dreidel drehen.

Hinweis

Die hebräischen Buchstaben sind die Anfangsbuchstaben des Satzes „Nes gadol haja scham“ bzw. „Nes gadol haja po“, der so viel bedeutet wie: „Ein großes Wunder geschah dort bzw. hier“.

Chanukka klingt fröhlich

 ab 3 Jahre  Gruppenraum  ca. 10 Minuten

Material: *Lied „Heut feiern wir das Lichterfest" (S. 40, CD Lied 4), 1 Klangschale*

Los geht's

Die Spielleitung liest den folgenden Text vor. Sie macht die Bewegungen vor, die die Kinder nachahmen. Die Klangschale lässt sie an den entsprechenden Stellen erklingen.

Wir blicken nun 2000 Jahre zurück.

Hand über die Augen an die Stirn halten und über die Schulter nach hinten schauen

Jerusalem war für die Jüdinnen und Juden schon damals wegen des heiligen Tempels eine wichtige Stadt.

Klangschale erklingen lassen

Leider durften die Jüdinnen und Juden ihre Religion nicht ausüben, da sie unterdrückt wurden und das andere Volk es ihnen verbot.

mit den Füßen leise stampfen

So geschah es, dass die Eroberer ihren heiligen Tempel entweihten, indem sie diesen einfach für andere Sachen nutzten.

mit den Füßen laut stampfen

Die Jüdinnen und Juden schafften es jedoch, ihren heiligen Tempel wieder zurückzuerobern.

jubeln und Daumen hoch heben

Sie fingen an, ihren heiligen Tempel für ihren Glauben wieder herzurichten.

Klangschale erklingen lassen

Während der Vorbereitung für die festliche Wiedereinweihung des heiligen Tempels fanden sie etwas Öl. Es hätte eigentlich nur dazu gereicht, den Ölleuchter einen Tag lang brennen zu lassen.

einmal klatschen und mit den Schultern zucken

Wie durch ein Wunder reichte das Öl aus, dass der Ölleuchter acht Tage brennen konnte.

8-mal klatschen, dann vor Freude die Arme in die Luft heben

Chanukka ist ein fröhliches Fest, das an die Wiederherstellung des heiligen Tempels in Jerusalem und das Wunder des Öls erinnern soll.

mit der linken Hand auf den linken Oberschenkel patschen, dann mit der rechten Hand auf den rechten Oberschenkel patschen

Das jüdische Lichterfest dauert deshalb acht Tage. Dabei wird täglich nach Einbruch der Dunkelheit eine weitere Kerze entzündet, sodass nach acht Tagen acht Kerzen brennen.

8-mal die Klangschale erklingen lassen

Das jüdische Lichterfest ist fröhlich und klingt so:

Alle singen den Refrain des Liedes „Heut feiern wir das Lichterfest".

Was weißt du über Chanukka?

 ab 3 Jahre  Gruppenraum  ca. 20 Minuten

Material: *Lied „Heut feiern wir das Lichterfest" (S. 40, CD Lied 4)*

Vorbereitung

Die Spielleitung überlegt sich Fragen zu Chanukka, z. B.

- **Wie heißt das jüdische Lichterfest? – Antwort: Chanukka**
- **Wie lange dauert das jüdische Lichterfest? – Antwort: Acht Tage**
- **Weshalb feiert man das Lichterfest acht Tage? – Antwort: Weil der Ölleuchter acht Tage brannte.**

Los geht's

Die Kinder sitzen im Kreis. Die Spielleitung stellt ihnen Fragen in Bezug auf das jüdische Lichterfest. Wenn eine Frage richtig beantwortet wurde, stehen die Kinder auf und fassen einander an den Händen. Sie singen nun den Refrain des Liedes „Heut feiern wir das Lichterfest" und tanzen im Takt der Melodie im Uhrzeigersinn. Danach stellt die Spielleitung die nächste Frage.

Refrain:

Heut feiern wir das Lichterfest,
Chanukka wird's genannt
und alle Juden freuen sich,
sind außer Rand und Band. (2-mal)

Das Lichterfest klingt aus

 ab 3 Jahre  Gruppenraum  ca. 15 Minuten

Material: *Abschiedsspiel oder -lied (S. 14 bis 17), 1 Klangschale, 1 LED-Teelicht, 1 leeres, ausgewaschenes Marmeladenglas ohne Etikett*

Los geht's

Die Spielleitung läutet mit der Klangschale den Abschlusskreis ein. Die Kinder setzen sich in den Sitzkreis. Jedes Kind wird nun mit einem Licht verabschiedet. Dafür wandert ein eingeschaltetes LED-Teelicht in einem Glas links im Kreis herum von Kind zu Kind. Das Kind, vor dem das Glas gerade steht, wird von der Gruppe mit Namen verabschiedet.

Abschließend spielen alle noch ein Abschiedsspiel oder singen ein Abschiedslied. Zum Schluss schlägt die Spielleitung noch einmal die Klangschale an und flüstert, sobald der Klang verklungen ist:

Tragt nun das Licht in die Welt hinaus.
Für heute ist jedoch das Lichterfest aus.

Komm in den Adventskreis

Einführung – Den Advent erleben

Die Freude der Kinder ist groß, wenn am Sonntag zwischen dem 27. November und 3. Dezember die erste Kerze am Adventskreis angezündet wird. Mit dem neuen Kirchenjahr beginnt die Zeit der Erwartung, in der sich Christ*innen in aller Welt auf die Ankunft Jesu Christi vorbereiten.
Die Vorweihnachtszeit ist auch in der Kita eine besonders schöne und besinnliche Zeit, die durch verschiedene Adventsbräuche geprägt ist. Es werden Advents- und Weihnachtsgeschichten vorgelesen, Weihnachtsplätzchen gebacken, vieles gebastelt und, nicht zu vergessen, Nikolaus- und Adventslieder gesungen.
An Heiligabend bzw. am 24. Dezember feiern Christ*innen dann den „Geburtstag" von Jesus, dem Sohn Gottes, der Mensch geworden ist.
In diesem Kapitel zeigen wir Ihnen, wie Sie gemeinsam mit den Kindern Ihrer Gruppe gemütlich im Adventskreis zusammenkommen, auf eine besondere Weise Verbundenheit innerhalb der Gruppe spüren und den Advent feiern können.
Spielerisch und musikalisch lernen die Kinder Bräuche und Traditionen der Vorweihnachtszeit im festlich dekorierten Kreis kennen. Gemeinsam bereiten sich die Kinder voller Freude auf Weihnachten vor und besinnen sich bewusst auf soziale Werte, die insbesondere in der Adventszeit von großer Bedeutung sind.
Für weihnachtliche Gaumenfreuden wird auch gesorgt: Für ein solches „Festmahl" im Kita-Adventskreis bieten sich Leckereien aus der Weihnachtsbäckerei an. Ein warmer Weihnachtstee mit den typischen adventlichen Düften und Aromen, wie Orange, Anis, Nelken und Vanille, schmeckt den meisten Kindern und tut in der kalten Jahreszeit besonders gut.

Willkommen im Adventskreis

 ab 3 Jahre  Gruppenraum  ca. 45 Minuten

Material: *Begrüßungsspiel oder -lied (S. 10 bis 13), 1 Glöckchen, 1 kleiner Tisch, 1 Adventskranz mit LED-Kerzen*

Vorbereitung

Die Spielleitung bereitet einen Stuhlkreis vor und stellt einen kleinen Tisch mit einem Adventskranz in die Kreismitte. Sie schaltet die passende Anzahl an LED-Kerzen ein.

Los geht's

Dann lädt die Spielleitung die Kinder der Reihe nach in den Adventskreis ein, indem sie das Glöckchen läutet und ruft:

Herzlich willkommen im Adventskreis.
(Name des Kindes), **das Glöckchen läutet**
für dich leis.

Das genannte Kind sucht sich einen Platz im Kreis. Wenn alle im Kreis sitzen, singen sie gemeinsam ein Begrüßungslied oder spielen ein Begrüßungsspiel.

Die Kerzen am Kranz

 ab 3 Jahre  Gruppenraum  ca. 10 Minuten

Material: *1 kleiner Tisch, 1 Adventskranz mit LED-Kerzen*

Vorbereitung

Die Spielleitung legt den Adventskranz mit passend eingeschalteten Kerzen auf den Tisch.

Los geht's

Die Kinder sagen gemeinsam den altbekannten Kinderreim „Advent, Advent, ein Lichtlein brennt" auf. Dabei bilden sie eine Faust, strecken, ausgehend vom Daumen, der Reihe nach vier Finger aus und springen bei der Nennung jeder Zahl vor Freude einmal in die Luft.

Nun fragt die Spielleitung, der wievielte Advent gerade ist. Dabei weist sie auf die Kerzen auf dem Adventskranz, die die Kinder gemeinsam zählen. Wie viele Kerzen dürfen noch angezündet werden?

Hurra! Die Adventszeit ist da!

 ab 4 Jahre  Gruppenraum  ca. 10 Minuten

- **Material:** *1 Triangel, 1 Handtrommel, 1 Klangschale*
- **Für alle übrigen Kinder:** *1 Rassel*

Los geht's

Die Spielleitung liest den unten stehenden Text vor. Die Kinder werden angeleitet, ihn mit den Instrumenten zu begleiten:

Brennt die erste Kerze am Kranz,
Triangel einmal anschlagen
mache ich einen Freudentanz.
Am 6. Dezember ist der Nikolaus da.
6-mal trommeln
Alle Kinder rufen vor Freude „Hurra!".
Wir backen Plätzchen und noch viel mehr.
Duftet es weihnachtlich, freut es uns sehr.
alle Instrumente erklingen lassen
Wir basteln viele Sterne und Herzen.
Und bald brennen alle vier Kerzen.
Triangel 4-mal erklingen lassen
Am 24. Dezember ist es dann so weit.
Es beginnt für uns die Weihnachtszeit.
Klangschale anschlagen

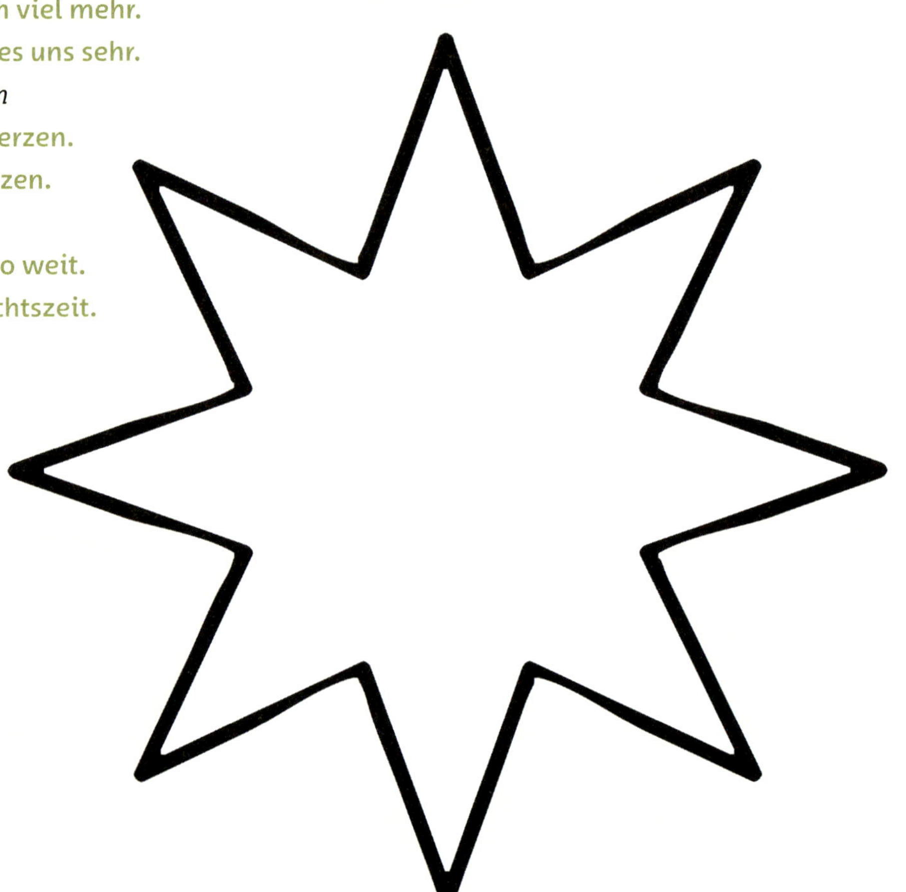

„Jesus ist geboren"

G Am D
Mit-ten in der Nacht war ein hel - ler Stern, am Him-mel so

6 G
weit und die Weih - nacht so fern Man träum - te da - von, von der

11 Am D G G7
Hei - li - gen Nacht, die Hir - ten mit E - sel und Kuh hiel - ten Wacht.

19 C G D G
Je-sus ist ge - bo-ren in Beth-le-hems Stall, Ma - ri-a und Jo-sef da - bei.

27 C G D
Je-sus ist ge - bo-ren in Beth-le-hems Stall, die En-gel, die eil-ten her - bei.

Text und Musik: Christian Hüser und Frank Fermate

1. Mitten in der Nacht war ein heller Stern
am Himmel so weit und die Weihnacht so fern.
Man träumte davon, von der Heiligen Nacht,
die Hirten mit Esel und Kuh hielten Wacht.

Refrain:
Jesus ist geboren in Bethlehems Stall,
Maria und Josef dabei.
Jesus ist geboren in Bethlehems Stall,
die Engel, die eilten herbei.

2. Dort auf dem Felde die Hirten allein,
es leuchtet der Stern und er leitet euch heim.
Es sprach ein Engel, wie könnt's anders sein,
dort hinten im Stall liegt das Kind nicht allein.

Refrain

3. Und in der Krippe bei Esel und Kuh,
da lag das Kind Jesus und alle schauten zu.
So groß war die Freude, es strahlte ein Licht
und Engelein sprachen: „Nun fürchtet euch nicht".

Refrain

Ein Adventstürchen öffnen

 ab 3 Jahre  Gruppenraum  ca. 5 Minuten

Material: *Lied „Jesus ist geboren" (S. 51, CD Lied 5), 1 Adventskalender (selbst befüllt, gebastelt oder gekauft)*

Los geht's

Die Kinder, die noch kein Türchen des Adventskalenders öffnen durften, stehen auf. Die Spielleitung erzählt, dass die Gruppe wieder einen Tag näher an Heiligabend ist, dem Tag, an dem sie Jesu Geburt feiern, und spricht den Refrain des Liedes „Jesus ist geboren". Währenddessen deutet sie bei jeder Silbe der Reihe nach im Uhrzeigersinn auf die stehenden Kinder. Das Kind, auf das sie zuletzt deutet, darf heute das Adventskalendertürchen öffnen.

Jesus ist geboren
in Bethlehems Stall,
Maria und Josef dabei.
Jesus ist geboren
in Bethlehems Stall,
die Engel, die eilten herbei.

Was machst du im Advent?

 ab 3 Jahre  Gruppenraum  ca. 15 Minuten

Material: *kein Material nötig*

Vorbereitung

Die Spielleitung überlegt sich typische Tätigkeiten im Advent. Beispiele: Adventskerzen am Kranz entzünden, Teig ausrollen und Plätzchen ausstechen, Weihnachtsbaum schmücken.

Los geht's

Die Spielleitung erklärt den Kindern, dass sie typische Tätigkeiten in der Adventszeit pantomimisch darstellen wird, also mit Gesten, ohne dabei zu sprechen. Wer errät die dargestellten vorweihnachtlichen Tätigkeiten zuerst? Sobald ein Kind die richtige Antwort weiß, stellt die Spielleitung etwas Neues pantomimisch vor, das die Kinder gemeinsam herausfinden. Es wird so lange gespielt, wie alle Lust haben. Falls einige Kinder möchten, können auch sie die darstellende Rolle übernehmen.

Nikolaus ist ein frommer Mann

 ab 3 Jahre  Gruppenraum  ca. 10 Minuten

Material: *kein Material nötig*

Los geht's

Die Spielleitung führt gemeinsam mit den Kindern das folgende Fingerspiel durch:

Am 6. Dezember feiern wir den Nikolaus.
zwei Fäuste machen, alle fünf Finger der linken Hand und den Daumen der rechten Hand ausstrecken
Er geht mit seinem Sack von Haus zu Haus.
mit dem Zeige- und Mittelfinger auf dem Oberschenkel spazieren gehen
Blitzblank stellen wir unsere Stiefel vors Haus.
Hinein kommen die Leckereien vom Nikolaus.
alle zehn Finger in der Luft zappeln lassen
Nikolaus ist ein sehr alter und frommer Mann.
Er ist ein Bischof, den man nur mögen kann.
mit den Händen die Bischofsmütze über dem Kopf andeuten
Wir danken dir von Herzen, lieber Nikolaus.
die rechte Hand auf die linke Brust legen und so die Dankbarkeit und Liebe zeigen
Und nun ist das Fingerspiel von Sankt Nikolaus aus.

Bischofsmütze und -stab: © Jens Müller

„Drei goldne Äpfel“

G D
Ein a-rmer, al-ter Mann, drei Töch-ter hat-te er, dem

4 Em C G
ging es gar nicht gut, sein Le-ben war so schwer. Für Es-sen und zu trin-ken

7 D Em C
hat-te er kein Geld, er wollt die Töch-ter tau-schen und schi-cken in die Welt.

10 G D
Drei gold-ne Äp-fel hab ich hier, drei gold-ne Äp-fel schenk ich dir,

13
Ni-ko-laus, du gu-ter Mann, du hilfst, wo man es brau-chen kann. Drei

15
gold-ne Äp-fel hab ich hier, drei gold-ne Äp-fel schenk ich dir,

17 Em
Ni-ko-laus, wir dan-ken dir da-für.

Text und Musik: Christian Hüser und Frank Fermate

1. Ein armer, alter Mann, drei Töchter hatte er,
dem ging es gar nicht gut, sein Leben war so schwer.
Für Essen und zu trinken hatte er kein Geld,
er wollt die Töchter tauschen und schicken in die Welt.

Refrain
Drei goldne Äpfel hab ich hier,
drei goldne Äpfel schenk ich dir,
Nikolaus, du guter Mann,
du hilfst, wenn man es brauchen kann.
Drei goldne Äpfel hab ich hier,
drei goldne Äpfel schenk ich dir,
Nikolaus, wir danken dir dafür.

2. In der letzten Nacht, bevor die Töchter gingen,
geschah das Wunder doch, von dem wir heut noch singen.
Drei goldne Äpfel, rund und schön, nahm sich der Nikolaus
und brachte sie ganz heimlich den Töchtern in das Haus.

Refrain (2-mal)

Drei goldne Äpfel

 ab 3 Jahre  Gruppenraum  ca. 10 Minuten

Material: *Lied „Drei goldne Äpfel" (S. 54, CD Lied 6)*

Los geht's

Die Kinder stehen im Kreis und singen das Lied. Zu jeder Strophe führen sie die angegebene Bewegung aus:

1. Strophe:
eine Faust bilden, erst den Daumen und dann noch den Zeige- und Mittelfinger in die Luft strecken, Daumen und Zeigefinger aneinanderreiben (Geste für Geld)

Refrain:
einander an den Händen fassen und im Uhrzeigersinn einmal im Kreis herumgehen, stehen bleiben, sich in Richtung Kreismitte wenden und die rechte Hand auf die linke Brust legen

2. Strophe:
beide Arme über den Kopf strecken und dann seitlich nach unten zum Oberkörper führen, eine Faust bilden und Daumen, Zeige- und Mittelfinger ausstrecken, dabei im Takt auf der Stelle gehen

Refrain:
einander an den Händen fassen und im Uhrzeigersinn einmal im Kreis herumgehen, stehen bleiben, sich in Richtung Kreismitte wenden und die rechte Hand auf die linke Brust legen

Nikolaus und die drei goldenen Äpfel

 ab 3 Jahre  Gruppenraum  ca. 20 Minuten

Material: *Lied „Drei goldne Äpfel" (S. 54, CD Lied 6), 3 goldene „Äpfel" (z. B. golden besprühte Plastikäpfel, Kugeln aus Styropor), 1 Stock, 1 graues oder braunes, großes Tuch, 3 Kopftücher*

Los geht's

Die Kinder sitzen im Kreis. Ein Kind legt sich das große Tuch über die Schultern, verknotet vorn die beiden Enden und steht im Innenkreis. Es spielt den armen, alten Mann. Drei Kinder mit Kopftüchern kommen auch in die Mitte. Die vier knien sich hin. Außerhalb des Kreises liegen die drei goldenen Äpfel. Die Spielleitung liest die ersten beiden Strophen des Liedes „Drei goldne Äpfel" vor. Dabei tun die kleinen Schauspieler*innen Folgendes:

Ein armer, alter Mann,
drei Töchter hatte er,
dem ging es gar nicht gut,
sein Leben war so schwer.

Erst steht der arme, alte Mann auf, dann die drei Töchter.

Für Essen und zu trinken
hatte er kein Geld,
er wollt die Töchter tauschen
und schicken in die Welt.

Der alte Mann macht eine nachdenkliche Pose (Kopf auf Faust). Die Töchter gehen mit gesenktem Kopf linksherum im Innenkreis. Alle anderen Kinder schütteln verwundert den Kopf. Der alte Mann sagt: „Nein! Ich möchte das nicht, dass meine Töchter weggehen! Was soll ich nur machen?" Daraufhin setzt sich der alte Mann in den Stuhlkreis.

In der letzten Nacht,
bevor die Töchter gingen,
geschah das Wunder doch,
von dem wir heut noch singen.

Die Töchter setzen sich wieder auf den Boden und tun, als würden sie schlafen.

Drei goldne Äpfel, rund und schön,
nahm sich der Nikolaus
und brachte sie ganz heimlich
den Töchtern in das Haus.

Die Spielleitung holt auf Zehenspitzen die drei goldenen Äpfel und rollt sie nacheinander in den Innenkreis zu den schlafenden Töchtern. Alle, die im Stuhlkreis sitzen, singen nun 2-mal den Refrain des Liedes:

Drei goldne Äpfel hab ich hier,
drei goldne Äpfel schenk ich dir,
Nikolaus, du guter Mann,
du hilfst, wenn man es brauchen kann.
Drei goldne Äpfel hab ich hier,
drei goldne Äpfel schenk ich dir,
Nikolaus, wir danken dir dafür.

Die Töchter wachen auf, reiben sich die Augen und klatschen im Takt der Melodie.

Danke, lieber Nikolaus!

 ab 3 Jahre  Gruppenraum  ca. 10 Minuten

Material: *1 Ocean-Drum, 1 Triangel*

Los geht's

Die Spielleitung teilt die Instrumente an zwei Kinder aus und lädt nun dazu ein, den heiligen Nikolaus bei diesem Rhythmusspiel etwas näher kennenzulernen. Sie spricht den Text und dazu klatschen die Kinder bzw. lassen die Instrumente passend erklingen.

Der heilige Sankt Nikolaus war ein guter und frommer Mann.
Er half den Menschen in Not, sodass man ihm nur danken kann.
applaudieren
Er war Bischof und hatte alle Kinder wirklich sehr gern.
Er lebte in der heutigen Türkei, das ist für uns nicht so fern.
Ocean-Drum erklingen lassen
Die Legende besagt, dass er viel Geld hatte und damit Gutes machte.
Er beschenkte auch viele arme Kinder, sodass ihr Herz wieder lachte.
Triangel mehrmals anschlagen
Der heilige Sankt Nikolaus war ein guter und frommer Mann.
Er half den Menschen in Not, sodass man ihm nur danken kann.
applaudieren

Jesus ist geboren

BEWEGUNGSSPIEL ZUM LIED

 ab 3 Jahre  Gruppenraum  ca. 15 Minuten

Material: *Lied „Jesus ist geboren" (S. 51, CD Lied 5), 1 Weihnachtskrippe*

Los geht's

Die Kinder bilden um die Weihnachtskrippe einen Kreis, singen das Lied und führen zu jeder Strophe die unten angegebene Bewegung aus:

1. Strophe:
sich gegenseitig die linke Hand mit gespreizten Fingern zeigen, dabei den linken Arm von links nach rechts wandern lassen

Refrain:
im Takt Hand in Hand links im Kreis herum gehen

2. Strophe:
sich gegenseitig die linke Hand mit gespreizten Fingern zeigen, dabei den linken Arm von links nach rechts wandern lassen

Refrain:
im Takt Hand in Hand links im Kreis herumgehen

3. Strophe:
Arme vor der Brust verschränken und Schaukelbewegungen im Takt machen, bei „Licht" beide Arme weit nach oben in die Luft strecken und seitlich nach unten zum Oberkörper führen

Refrain:
im Takt Hand in Hand in die Kreismitte Richtung Stall bzw. Weihnachtskrippe gehen, stehen bleiben, auf den Boden knien und die Hände falten

Auf Wiedersehen! Bald ist es so weit!

 ab 3 Jahre  Gruppenraum  ca. 15 Minuten

- **Material:** *Lied „Jesus ist geboren" (S. 51, Refrain, CD Lied 5)*
- **Für jedes Kind:** *1 Paar Klangstäbe*
- **Für die Spielleitung:** *1 Glöckchen*

Los geht's

Gemeinsam schließen alle mit einer Klanggeschichte zum Refrain des Liedes „Jesus ist geboren" den Adventskreis ab:

Wir schließen den Kreis,
denn am 24. ist es so weit.
Es beginnt dann die
wunderschöne Weihnachtszeit.
24-mal die Klangstäbe erklingen lassen und dabei laut zählen

Alle singen den Refrain des Liedes:
Jesus ist geboren in Bethlehems Stall,
Maria und Josef dabei.
Jesus ist geboren in Bethlehems Stall,
die Engel, die eilten herbei.

Die Spielleitung sagt:
Alle kamen, um das Christkind in der Krippe zu sehen.
An Heiligabend werden viele in die Kirche gehen.
Glöckchen erklingen lassen

Die Spielleitung wünscht allen noch eine schöne Advents- und Weihnachtszeit.

Eid al-Fitr oder Şeker Bayramı – Zuckerfest

Einführung – Miteinander das Fastenbrechen nach dem Ramadan feiern

Ramadan heißt der neunte Monat des islamischen Kalenders, in dem gläubige Muslim*innen zwischen Sonnenaufgang und Sonnenuntergang fasten. In diesem Zeitraum verzichten alle, die fit und gesund sind, tagsüber komplett auf Essen und Trinken. Alte, Kranke und Schwangere sowie Kinder sind von der Regelung ausgenommen.
Nach islamischer Überzeugung erinnert der Ramadan an die Zeit, als der Erzengel Gabriel dem Propheten Mohammed den Koran offenbart hat. Im Islam ist der Ramadan ein heiliger Monat und bedeutet übersetzt so viel wie „der heiße Monat". Die Fastenzeit im Ramadan gehört zu den fünf Säulen (= Grundpflichten) des Islams. Weil sich die Feste im Islam am Mondkalender orientieren, verschiebt sich der Ramadan von Jahr zu Jahr auf ein anderes Datum im gregorianischen Kalender.
In diesem Fastenmonat setzen sich die Gläubigen mit dem Koran und dem Leben des Propheten Mohammed auseinander. Viele gehen in die Moschee und nehmen am Tarāwīh-Gebet teil. Im Ramadan wird viel gespendet und Bedürftigen geholfen. Im Folgemonat Schawwāl findet dann das 3-tägige Fest des großen Fastenbrechens statt (arabisch: Eid al-Fitr). Es ist eines der wichtigsten Feste im Islam. Die Familien treffen sich am reich gedeckten Tisch und feiern.
In diesem Kapitel zeigen wir Ihnen, wie Sie gemeinsam mit den Gruppenkindern das Fest des Fastenbrechens bzw. Eid al-Fitr, das im Türkischen Ramazan-Fest (Ramazan Bayramı) oder Zuckerfest (Şeker Bayramı) genannt wird, in der Kita feiern können.
Dafür eignen sich arabische süße Köstlichkeiten, wie Baklava, Halva oder Sütlac, besonders gut. Vielleicht können einige muslimische Eltern diese süßen Köstlichkeiten mit den Kindern in der Kita zubereiten.
Zudem werden die Kinder mit Rollenspielen, Klanggeschichten und Co. einen Einblick in den Fastenmonat und das Fastenbrechen bekommen.

Lasst uns das Fastenbrechen feiern

 ab 3 Jahre  Gruppenraum  ca. 10 Minuten

Material: *Begrüßungsspiel oder -lieder (S. 10 bis 13), Luftschlangen, Luftballons, Bonbons, 1 kleiner Tisch*

Vorbereitung

Die Spielleitung stellt die Stühle zu einem Kreis und stellt in die Kreismitte den kleinen Tisch, auf dem sie Luftschlangen, Luftballons und Bonbons dekoriert.

Los geht's

Die Spielleitung lädt die Kinder mit folgendem Reim in den Stuhlkreis ein:

Willkommen in unserem Kreis, liebe Leute.
Das große Fastenbrechen feiern wir heute.

Im Anschluss daran folgt ein gemeinsames Begrüßungsspiel oder -lied.

Lasst uns Ramadan erleben

 ab 3 Jahre  Turnraum  ca. 30 Minuten

Material: *1 Handtrommel, 1 Krug mit Wasser*
Für jedes Kind: *1 Decke oder Matte, 1 Becher, 1 Brotdose/Frühstück*

Vorbereitung

Die Kinder breiten ihre Decken oder Matten auf dem Boden aus und legen sich darauf. Die Spielleitung dunkelt nach Möglichkeit den Raum etwas ab. Die Kinder tun so, als ob es draußen dunkel wäre und sie schlafen würden.

Los geht's

Die Spielleitung zieht trommelnd durch den Raum, so wie die Trommler in der Türkei früher während des Ramadans durch die Straßen liefen. Sie „weckt" die Kinder so und teilt ihnen mit, dass sie etwas essen und trinken dürfen, bevor die Sonne aufgeht. Sobald die Kinder aufgestanden sind, holen sie ihre Brotdosen und stellen sie auf den Tisch, um miteinander zu frühstücken, falls sie möchten. Auf den Frühstückstisch stellt die Spielleitung noch einen Wasserkrug und Becher. Auf diese Weise macht sie den Kindern deutlich, dass sie genügend Wasser trinken müssen, um den Fastenmonat Ramadan durchhalten zu können.
Nach dem Frühstück „putzen alle ihre Zähne".
Die Kinder legen sich wieder in ihr „Bett" und tun, als würden sie noch einmal schlafen. Die Spielleitung macht nach zwei Minuten das Licht an und erzählt, dass der Tag anbricht. Die Kinder stehen auf. Bis zum Sonnenuntergang dürfen sie jetzt weder essen noch trinken.
Die Kinder gehen nun als Erwachsene zur Arbeit und als Kinder in die Kita und die Schule. Sie laufen im Takt der Trommel durch den Raum.
Die Spielleitung trommelt erst schnell und dann immer langsamer. Sie erklärt den Kindern, dass Fasten anstrengend ist und sie tagsüber immer schlapper werden. Auf Essen und Trinken zu verzichten, ist nämlich nicht so einfach. Die Spielleitung hört auf, zu trommeln, und bittet die Kinder, einen Kreis zu bilden.

Gespräch im Sitzkreis

Die Spielleitung leitet im Sitzkreis ein Gespräch zu den zentralen Themen des Ramadan an:
Die Kinder denken gemeinsam an Menschen, die fast nichts zum Leben haben. Durch das Fasten wird nämlich bewusst gemacht, wie schwer es gerade solche Menschen haben.
Zudem geht es im Ramadan darum, viel Gutes zu tun. Die Kinder melden sich zu Wort und sagen, was ihrer Meinung nach damit gemeint sein kann.
Mögliche Antworten: nicht streiten, sich gegenseitig helfen und miteinander Sachen teilen.
Die Spielleitung erzählt den Kindern, dass es Gott gefällt, wenn die Menschen füreinander da sind, sich gut verhalten und freundlich zueinander sind.
Sie erzählt, dass sich gläubige Musliminnen und Muslime im Fastenmonat Ramadan auch viel mit dem Koran beschäftigen, in der Moschee und zu Hause miteinander beten, um Gott besonders nahe zu sein.

„Im Fastenmonat Ramadan"

G D
Im Fa - sten-mo - nat Ra-ma-dan, da wird nicht viel ge-ges-sen. Im Fas-ten-mo -

6 G
nat Ra-ma - dan wolln wir das Be - ten nicht ver-ges-sen. Vom Son - nen - auf -

10 C G
gang bis Un-ter - gang, da es - sen wir gar nichts, doch wenn der Mo-nat rum ist,

15 D G G Em
dann en - det der Ver-zicht. Kommt, lasst uns fei - ern, das ist fein,

20 C D G Em C
nach Ra - ma - dan das Zu-cker-fest. Kommt, lasst uns fei - ern, das ist fein, mit Freun-den und

25 D C D G
Fa - mi - lie. Kommt, lasst uns fei - ern, das ist fein, Ge-schen - ke gibt's

29 Em C D G
für dich und mich, kommt, lasst uns fei - ern, - drei Ta - ge lang.

Text und Musik: Christian Hüser und Frank Fermate

1. Im Fastenmonat Ramadan, da wird nicht viel gegessen.
Im Fastenmonat Ramadan wolln wir das Beten nicht vergessen.
Vom Sonnenaufgang bis -untergang, da essen wir gar nichts,
doch wenn der Monat um ist, dann endet der Verzicht.

Refrain
Kommt, lasst uns feiern, das ist fein,
nach Ramadan das Zuckerfest.
Kommt lasst uns feiern, das ist fein,
mit Freunden und Familie.
Kommt, lasst uns feiern, das ist fein,
Geschenke gibt's für dich und mich.
Kommt, lasst uns feiern
drei Tage lang.

Im Fastenmonat Ramadan

 ab 3 Jahre  Gruppenraum  ca. 10 Minuten

Material: *Lied „Im Fastenmonat Ramadan" (S. 63, CD Lied 7)*

Los geht's

Die Kinder stehen im Kreis, singen das Lied und führen dabei die folgenden Bewegungen aus:

1. Im Fastenmonat Ramadan,
da wird nicht viel gegessen.
so tun, als ob man essen würde

Im Fastenmonat Ramadan
wolln wir das Beten nicht vergessen.
Hände falten und beten

Vom Sonnenaufgang bis -untergang,
da essen wir gar nichts,
Arme weit nach oben in die Luft strecken und seitlich zum Oberkörper zurückführen und dabei in die Hocke gehen

doch wenn der Monat um ist,
dann endet der Verzicht.
aufstehen und den Daumen hochheben

Refrain:
Kommt, lasst uns feiern, das ist fein,
nach Ramadan das Zuckerfest.
Kommt lasst uns feiern, das ist fein,
mit Freunden und Familie.
Kommt, lasst uns feiern, das ist fein,
Geschenke gibt's für dich und mich.
Kommt, lasst uns feiern
drei Tage lang.
Hände in die Hüften stemmen und im Takt der Musik um die eigene Achse drehen

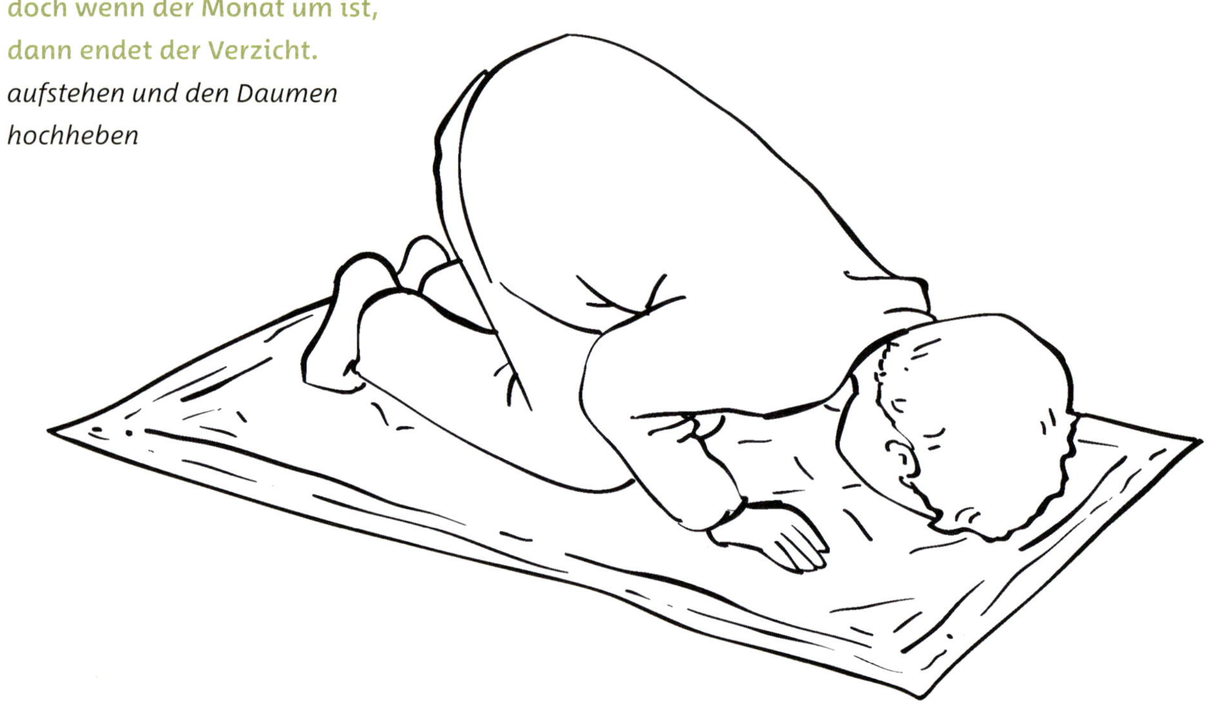

Das Fest des Fastenbrechens

 ab 3 Jahre  Gruppenraum  ca. 10 Minuten

Material: *Lied „Im Fastenmonat Ramadan" (S. 63, CD Lied 7)*

Los geht's

Die Spielleitung liest die folgende kleine Geschichte vor, zu der sie gemeinsam mit den Kindern die angegebenen Bewegungen ausführt:

Der Fastenmonat Ramadan ist nun aus.
Viele Häuser sehen sehr festlich aus.
mit den Händen ein Dach über dem Kopf formen

Musliminnen und Muslime wollen ein Zuckerfest machen, dafür brauchen sie viele süße Sachen.
alle zehn Finger in der Luft zappeln lassen

Es wird von Herzen gefeiert und noch viel mehr.
Freude gemeinsam haben, gefällt allen sehr.
rechte Hand auf die linke Brust legen, dann die Arme in die Luft strecken

Abschließend können die Kinder noch gemeinsam den Refrain des Liedes „Im Fastenmonat Ramadan" singen.

Kommt, lasst uns feiern, das ist fein,
nach Ramadan das Zuckerfest.
Kommt lasst uns feiern, das ist fein,
mit Freunden und Familie.
Kommt, lasst uns feiern, das ist fein,
Geschenke gibt's für dich und mich.
Kommt, lasst uns feiern
drei Tage lang.

Bonbons: © Magnus Siemens

Kommt, lasst uns feiern

 ab 5 Jahre  Gruppenraum  ca. 10 Minuten

Material: *Lied „Im Fastenmonat Ramadan" (S. 63, CD Lied 7)*

Los geht's

Die Spielleitung spricht den Reim. Passend zum gesprochenen Text, bewegen alle entweder den linken oder den rechten Daumen:

Im Fastenmonat Ramadan,
da wird nicht viel gegessen.
Der Erste sagt: Was wollen wir
im Fastenmonat Ramadan nicht vergessen?
Der Zweite sagt: Im Fastenmonat Ramadan
wollen wir das Beten nicht vergessen.
Der Erste sagt: Wie lange essen wir nichts?
Der Zweite sagt: Vom Sonnenaufgang bis
-untergang, da essen wir gar nichts,
doch wenn der Monat um ist,
dann endet der Verzicht.

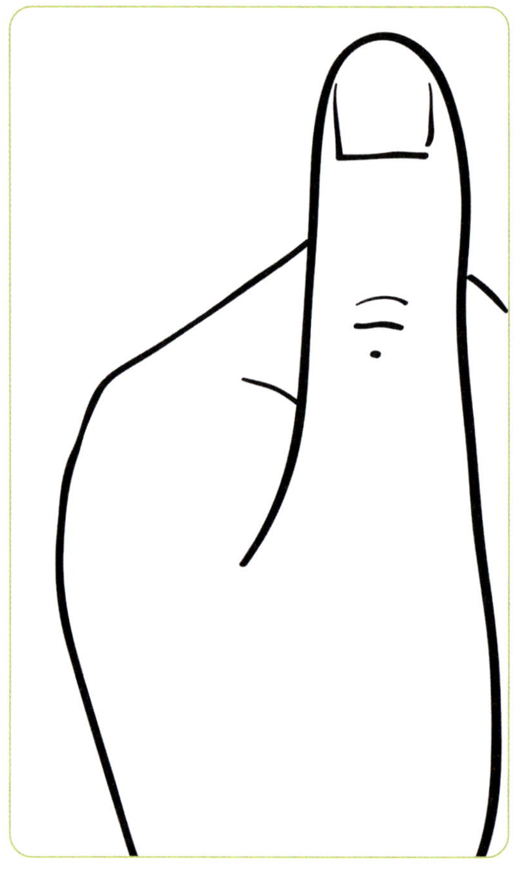

Im Anschluss fragt die Spielleitung die Kinder, was auf den Verzicht folgt. Bestimmt ahnen die Kinder schon, dass nach dem Verzicht ausgiebig gefeiert wird.

Weshalb Süßes?

 ab 5 Jahre  Gruppenraum  ca. 30 Minuten

Material: *2 Handpuppen*

Los geht's

Die Spielleitung setzt sich mit zwei Handpuppen zu den Kindern in den Stuhlkreis und erklärt, was geschehen wird.
Ein Kind übernimmt Handpuppe 1. Handpuppe 2 wird von der Spielleitung übernommen. Die beiden führen einen Dialog nach unten stehendem Beispiel. Handpuppe 1 stellt sich selbst vor und stellt eine Frage (ggf. von der Spielleitung ins Ohr geflüstert), die Handpuppe 2 (Spielleitung) beantwortet. Die Handpuppe 1 wird nacheinander von allen Kindern übernommen, die Lust dazu haben.

Handpuppe 1:

Hallo! Ich heiße *(Vorname)*. Du hast mich eingeladen, um das 3-tägige Fest des Fastenbrechens zu feiern. Es ist ein fröhliches Fest, bei dem es ganz viele süße Speisen gibt. Ich weiß jedoch nicht so genau, weshalb so viel Süßes aufgetischt wird. Kannst du mir das vielleicht verraten?

Handpuppe 2:

Wir gläubigen Musliminnen und Muslime haben im Fastenmonat Ramadan von Sonnenauf- bis -untergang auf Essen und Trinken verzichtet. Am Ende des Fastenmonats ist damit Schluss. Wir freuen uns, dass wir es geschafft haben. Wir sollen nun genießen können und dazu gehören vor allem auch Süßigkeiten. Denn sie mögen alle besonders gern.

Handpuppe 1:

War denn der Ramadan so traurig, dass ihr nun ein so fröhliches Fest braucht?

Handpuppe 2:

Nein, das sicherlich nicht. Das Fasten ist zwar anstrengend, jedoch kann man sich so leichter auf das Wesentliche konzentrieren und gerade auch in Bezug auf käufliche Dinge viel besser Verzicht üben. Lass uns einfach mal die Kinder fragen, worauf sie so verzichten können.

Die Kinder im Stuhlkreis nennen nacheinander Dinge, die nicht unbedingt im Leben gebraucht werden, z. B. mehrere Paar Schuhe, Computerspiele und Handy.

»

Weshalb Süßes?

Auf diese Weise können die Kinder der Reihe nach mithilfe der Handpuppe 1 noch weitere Fragen stellen, die die Handpuppe 2 bzw. die Spielleitung beantwortet. Danach stellt die Spielleitung mit der Handpuppe 2 den Kindern die folgenden Fragen:

Handpuppe 2:

Im Ramadan tun wir auch viel Gutes. Wir sind freundlich zueinander und helfen anderen. Wer hat schon einem anderen Kind aus der Gruppe geholfen?

Die Kinder im Stuhlkreis erzählen der Reihe nach, wie sie z. B. einem anderen Kind beim Anziehen, Basteln oder Aufräumen geholfen haben.

Handpuppe 2 :

Im Ramadan steht auch die Versöhnung im Mittelpunkt. Wer von euch hat sich schon einmal mit einem guten Freund, einer guten Freundin oder einem Geschwisterkind gestritten und sich dann wieder versöhnt?

Die Kinder dürfen sich zu Wort melden und der Reihe nach kurz dazu Stellung nehmen.

Handpuppe 2:

Und noch etwas: Im Ramadan wird auch viel gebetet. Durch das Fasten bekommen wir sozusagen den Kopf wieder frei, sodass wir Gott besonders nahe sein können.
Das ist wirklich eine sehr gute Sache. Erst fasten und dann miteinander essen, trinken und feiern. Beides gehört irgendwie zusammen. Denn erst durch den Verzicht weiß man das, was man hat, somit auch das Essen und Trinken, wieder mehr zu schätzen.

So gibt's traditionell Zucker

 ab 3 Jahre  Gruppenraum  ca. 25 Minuten

Material für jedes Kind: *1 Spielmünze, Edelstein o. Ä., ggf. 1 Schokoladentaler*

Los geht's

Die Kinder sitzen zusammen im Stuhlkreis.
Die Spielleitung erklärt, dass beim Zuckerfest nun die „Familien" zusammenkommen und besonders nett zueinander sind. Dazu gehören der Handkuss und die Geschenke für die Kinder, auch in Form von Geld. Es ist eine alte Tradition, bei der Kinder, Jugendliche und Erwachsene gegenüber einer älteren Person ihren Respekt und ihre Liebe zeigen.
Die Spielleitung wählt hierfür ein beliebiges Kind aus, das sich in den Innenkreis begibt und sich irgendein Kind im Stuhlkreis aussucht, das z. B. die Oma oder den Opa spielt und von der Spielleitung eine Spielgeldmünze erhält. Das Kind bleibt dann vor dem stehen, das Oma/Opa spielt, und kann – falls beide damit einverstanden sind – so tun, als ob es dem anderen die rechte Hand küsst. Dabei führt es die Hand zu seiner Stirn. Zudem kann das Partnerkind auch noch umarmt werden, falls das beide wollen.
Das Kind, das Oma/Opa spielt, schenkt dann dem Kind die Münze. Danach tauscht es mit seinem Partnerkind den Platz und wiederholt in der Rolle als Kind nun das Spiel, indem es sich auf die Suche nach einer neuen „Oma" oder einem neuen „Opa" macht.
Das Spiel ist beendet, sobald alle Kinder an der Reihe gewesen sind und jeweils eine Spielgeldmünze erhalten haben.
Am Ende können die Kinder das Spielgeld bei der Spielleitung ggf. jeweils gegen einen Schokoladentaler tauschen und diese anschließend gemeinsam naschen.

Das Zuckerfest in der Familie

 ab 3 Jahre  Gruppenraum  ca. 10 Minuten

Material: *kein Material nötig*

Los geht's

Während die Spielleitung die Geschichte vorliest, machen alle die dazu passenden Bewegungen:

Heute ist Zuckerfest. Hurra!
Arme weit nach oben in die Luft heben und sich freuen
Das Fest beginnt meist mit einem Besuch in der Moschee.
Hände falten und beten
Zu Hause feiern dann alle gemeinsam.
Zu Essen gibt es ganz viele süße Sachen.
den Bauch genussvoll reiben
Die Kinder bekommen kleine Geschenke von den Älteren in den Familien.
alle zehn Finger in der Luft zappeln lassen
Alle freuen sich von ganzem Herzen und danken Gott für das schöne Fest.
die rechte Hand auf die linke Brust legen
Wir wünschen allen ein „Bayramınız mübarek olsun" (türkisch) **oder „Eid Mubarak"** (arabisch) **und somit ein gesegnetes Fest!**

Das machen wir auch nach Ramadan!

 ab 5 Jahre  Gruppenraum  ca. 25 Minuten

Material: *1 aufblasbarer Wasserball*

Los geht's

Die Spielleitung möchte von den Kindern wissen, welche positiven Verhaltensweisen für ein gutes Miteinander nicht nur in der Kita und zu besonderen Zeiten, sondern immer und überall auf der Welt unerlässlich sind. Wurden ein paar Dinge gesammelt, blinzelt die Spielleitung einem Kind zu und sagt z. B.: „Ich möchte, dass wir freundlich zueinander sind."

Dann wirft sie dem angezwinkerten Kind den Wasserball zu. Das Kind wählt auf die gleiche Weise ein anderes aus und sagt z. B.: „Ich möchte, dass wir keine schlechten Wörter sagen!"
Es wirft dem entsprechenden Kind den Ball zu, das nun das Ballspiel auf dieselbe Weise fortsetzt. Das Spiel ist beendet, sobald alle Kinder einmal an der Reihe gewesen sind und somit das Wort erhalten haben.

Dankbarkeit und Freude

 ab 3 Jahre  Gruppenraum  ca. 20 Minuten

Material: *„Abschiedslied" (S. 14, CD Lied 12), 1 kleiner Tisch, 1 Schüssel mit Luftballons und Bonbons, 1 Stuhl, 1 Tischklingel*

Vorbereitung

Die Spielleitung stellt den Tisch mit der gefüllten Schüssel mitten in den Stuhlkreis, außerhalb des Kreises steht der Stuhl mit der Tischklingel.

Los geht's

Die Kinder besuchen zum Abschluss des Zuckerfestes noch einmal eine verwandte Person, die von der Spielleitung dargestellt wird.
Dazu stellen sie sich außerhalb des Kreises auf. Nacheinander geht jedes Kind einzeln zum Stuhl mit der Tischklingel und klingelt damit symbolisch an der Haustür. Dann wird es von der Spielleitung in den Stuhlkreis eingeladen.

Das Kind wünscht der Spielleitung ein frohes Zuckerfest. Daraufhin darf sich das Kind aus der Schüssel ein Bonbon oder einen Luftballon nehmen und sich auf einen Stuhl setzen.
Wenn alle Kinder im Stuhlkreis sitzen, singen alle gemeinsam zum Abschluss das „Abschiedslied".

Fest der ungesäuerten Brote und der Freiheit – Pessach

Einführung – Der Auszug aus Ägypten und die Ereignisse davor

Das mehrtägige Pessachfest wird im Frühling, ungefähr zu der Zeit des christlichen Osterfests gefeiert. Es beginnt am Vorabend des 15. Nisan (= siebter Monat im jüdischen Kalender, hebräisch auch: Nissan), dem Sederabend. Am ersten und letzten Festtag soll die Arbeit ruhen.
Pessach, auch „Passa", „Passah" oder „Pascha" genannt, erinnert alljährlich an den Auszug der Israelit*innen aus Ägypten (Exodus), die so der Sklaverei entgingen. Da sie bei ihrem Aufbruch keine Zeit mehr hatten, einen Sauerteig anzusetzen, aßen sie damals ungesäuerte Brote, die sogenannten „Matzen" bzw. „Mazzen".
Von der Befreiung und den Ereignissen kurz davor erzählt das 2. Buch Moses im Tanach (eine von mehreren Bezeichnungen für die hebräische Bibel). Vor dem Seder (hebräisch: Ordnung) oder Sederabend, der am 14. Nisan stattfindet, wird sämtliches Chametz (durch Getreide und Wasser gesäuerte Speisen) entfernt und somit auch das ganze Haus danach abgesucht. Dabei wird es bis in den hintersten Winkel gereinigt.
Das Alltagsgeschirr darf zum Fest nicht benutzt werden und wird gegen spezielles Pessach-Geschirr ausgetauscht oder gekaschert. Das bedeutet, dass Glas gewässert wird und Eisen, wie Töpfe und Pfannen, abgekocht wird, um das Geschirr so von Chametz zu reinigen. An diesen Tagen werden alle Speisen ohne Sauerteig zubereitet.
Da es unserer Meinung nach zu weit führen würde, auf den gesamten Ablauf des Pessachfestes einzugehen, wollen wir Ihnen in diesem Kapitel verkürzte und dem Alter der Vorschul- und Kita-Kinder entsprechend vielfältige Praxisideen an die Hand geben, bei denen die Kinder rund um das Fest der ungesäuerten Brote und der Freiheit das Wesentliche erfahren.
Die Kinder bereiten sich jedoch gemeinsam schon einige Tage zuvor auf Pessach vor, indem sie alles sauber putzen und sämtliches Chametz rechtzeitig verbrauchen oder verschenken.

„Die Kita putzen wir"

G D
Vor dem gro - ßen Pes-sach-fest, da gibt es viel zu tun, wir

C G
wol - len heu - te flei - ßig sein und und nicht aus - ruhn: Die

D C G
Ki - ta, die Ki - ta, die Ki - ta put-zen wir, die Ki - ta put - zen wir.

G 1. D
Ki - ta, die Ki - ta, die Ki - ta put - zen wir
Res - te, die Res - te, die Res - te es - sen wir, die

2. G C G
Res - te es - sen wir, die Res - te es - sen wir.

Text und Musik: Christian Hüser und Frank Fermate

Refrain
Vor dem großen Pessachfest, da gibt es viel zu tun,
wir wollen heute fleißig sein und uns nicht ausruhn.

1. Die Kita, die Kita, die Kita putzen wir.

2. Die Reste, die Reste, die Reste essen wir.

3. Die Teller, die Teller, die Teller waschen wir.

4. Die Krümel, die Krümel, die Krümel fegen wir.

5. Die Fenster, die Fenster, die Fenster putzen wir.

6. Den Teppich, den Teppich, den Teppich klopfen wir.

7. Den Boden, den Boden, den Boden wischen wir.

8. Und sauber und sauber und sauber ist es hier.

Die Kita putzen wir

 ab 3 Jahre  Gruppenraum  ca. 10 Minuten

Material: *kein Material nötig*

Los geht's

Die Kinder stehen im Kreis und patschen zum Refrain im Takt mit beiden Händen auf ihre Oberschenkel.

Zu den Strophen machen sie folgende Bewegungen:

1. Strophe:
so tun, als würde man wischen

2. Strophe:
so tun, als würde man essen

3. Strophe:
so tun, als würde man Teller waschen

4. Strophe:
so tun, als würde man Krümel auf dem Boden aufkehren

5. Strophe:
so tun, als würde man Fenster putzen

6. Strophe:
so tun, als würde man den Teppich ausklopfen

7. Strophe:
so tun, als würde man den Boden wischen

8. Strophe:
im Takt zur Musik vor Freude in die Hände klatschen

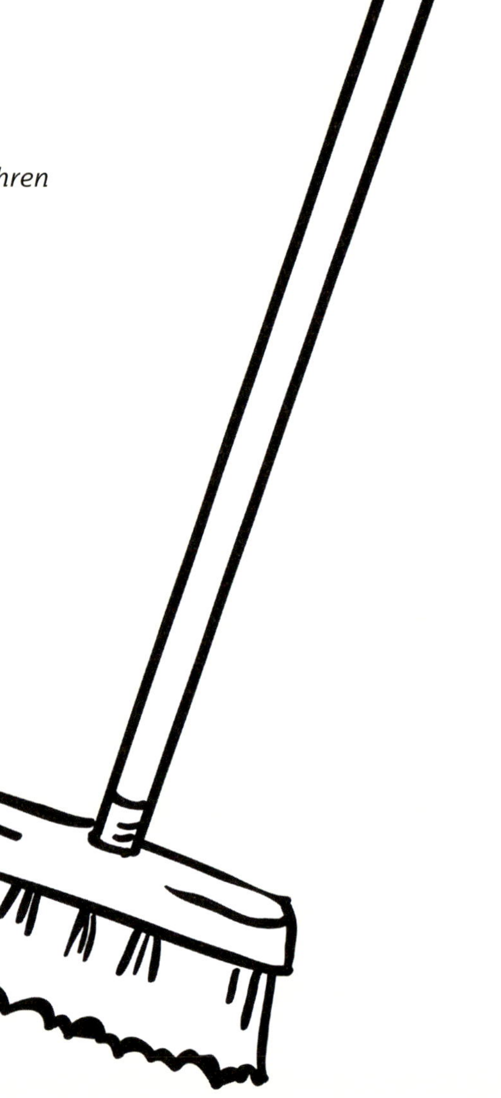

Vor dem Fest gibt es viel zu tun

 ab 3 Jahre  Gruppenraum  ca. 20 Minuten

Material: *Lied „Die Kita putzen wir" (S. 73, CD Lied 8)*

Los geht's

Zu Beginn der Putzaktion in der Kita stehen die Kinder in einem Kreis. Es bilden immer ein paar Kinder eine Gruppe und treten der Reihe nach in den Innenkreis. Sobald eine Gruppe im Innenkreis steht, sagt sie gemeinsam die folgenden beiden Zeilen des Liedes auf:

Vor dem Pessachfest, da gibt es viel zu tun,
wir wollen fleißig sein und uns nicht ausruhn.

Die betreffende Gruppe tauscht sich nun im Innenkreis darüber aus, was sie putzen möchte. Die Kinder können z. B. das Spielzeug in der Bauecke waschen, Nudeln, Kekse, Kuchen und Co. in der Kinderküche in Kartons verpacken oder einfach den Boden fegen. Konnten sich die Kinder der Kleingruppe auf einen Vorschlag einigen, begeben sie sich wieder auf ihren Platz. Danach kommt eine weitere Gruppe im Innenkreis zusammen und berät, was gereinigt werden soll.
Erst wenn jede Gruppe etwas zu tun hat, ist das Spiel beendet. Auf diese Weise lernen die Kinder, gemeinsam als Team ein Ziel zu verfolgen und dabei auch für bestimmte Aufgaben Verantwortung zu übernehmen.

Zehn Brotkrümel

 ab 3 Jahre  Gruppenraum  ca. 15 Minuten

Material: *10 Brotkrümel, 1 LED-Kerze, 1 Feder, 1 kleine Feuerschale, ein paar orangefarbene, gelbe und rote Chiffontücher, etwas Brennholz, 1 leere Eierschachtel*

Los geht's

Zum Abschluss der Putzaktion, kurz bevor das Fest beginnt, verstecken die Kinder zehn Brotkrümel im Raum, die das Familienoberhaupt – hier die Spielleitung – bei Kerzenschein sucht. Zuvor dunkelt die Spielleitung den Gruppenraum etwas ab. Dann erklärt sie, dass der Vater als Familienoberhaupt nun einen Segen spricht, bei dem er Gott preist, der ihnen die Zehn Gebote gegeben und befohlen hat, den Sauerteig und alles Gesäuerte wegzuschaffen. Deshalb macht sich der Vater auf die Suche nach den Brotresten. Das Brotsuchen ist ein schöner, alter Brauch. Das Familienoberhaupt benutzt traditionell eine Feder, mit der es die Brotkrümel zusammenkehrt.

Sind alle Brotkrumen gefunden, erklärt die Spielleitung, dass nun der nächste Segen durch das Familienoberhaupt folgt, bei dem es Gott verspricht, dass Sauerteig und alles Gesäuerte, das sich noch in seinem Besitz befindet und das es nicht wahrgenommen hat, vernichtet wird. Gemeinsam mit der Gruppe geht die Spielleitung in den Außenbereich, um die zehn Brotkrümel symbolisch zu verbrennen. Dafür eignet sich eine Feuerschale mit etwas Brennholz, auf dem sie die Chiffontücher knüllt und darauf die Eierschachtel legt und wiederum darauf die zehn Brotkrümel streut. Danach folgt das u.g. Begrüßungsritual, bevor es wieder in Richtung Gruppenraum geht.

Wir feiern Pessach!

 ab 3 Jahre  Gruppenraum  ca. 10 Minuten

Material: *Lieder „Viele bunte Sprachen" (S. 11, CD Lied 1) und „Die Kita putzen wir" (S. 73, CD Lied 8), 1 LED-Kerze*

Los geht's

Die Kinder kommen im Kreis zusammen, in dessen Mitte die LED-Kerze steht. Die Spielleitung schaltet diese ein. Gemeinsam singen alle das Begrüßungslied. Im Anschluss spricht die Spielleitung:

Ich heiße euch alle herzlich willkommen in unserem Festkreis.

Jeder kleinste Krümel wurde im Kerzenlicht entdeckt, wie alle wissen!

Im Anschluss erinnert sie die Kinder noch einmal daran, was sie alles gemacht haben, damit sie überhaupt gemeinsam Pessach feiern können. Passend dazu, singen sie noch einmal das Lied „Die Kita putzen wir".

Der Auszug aus Ägypten

 ab 5 Jahre 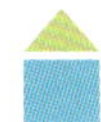 Gruppenraum  ca. 15 Minuten

Material: *kein Material nötig*

Los geht's

Die Kinder sitzen im Kreis. Die Spielleitung erzählt über den Auszug aus Ägypten und die Verbindung zu den Ritualen beim Pessachfest. Um die Gruppenkinder einzubinden und am Geschehen teilhaben zu lassen, handelt es sich um eine Bewegungsgeschichte.

Vor rund 3000 Jahren konnte der Pharao in Ägypten, die dort lebenden Israelitinnen und Israeliten nicht leiden. Er zwang sie, besonders schwer zu arbeiten, und behandelte sie nicht gut. Zur Erinnerung an diese Zeit gibt es zu Pessach einen ziegelfarbenen Brei aus Früchten zu essen, der an die Lehmziegel erinnern soll, die die Israelitinnen und Israeliten beim Bau der Pyramiden verwendet haben.

Die Kinder senken den Kopf, lassen die Schultern hängen als Zeichen der Trauer.

Am Sederabend wird z. B. Petersilie oder ein Stück Kartoffel in Salzwasser getunkt. Dabei erinnern sich die Jüdinnen und Juden an die Angst und Verzweiflung sowie die vielen Tränen, die die Israelitinnen und Israeliten während ihrer Knechtschaft vergossen haben.

Die Kinder tun so, als ob sie ein Stück Gemüse in Salzwasser tunken.

Gott hat Moses zum Pharao geschickt mit der Botschaft: „Lass mein Volk ziehen!". Der Pharao wollte das nicht, obwohl Moses ihn immer wieder darum bat. Gott schickte nach jeder Verweigerung eine Plage. So wurde z. B. das Wasser ungenießbar oder es hagelte so stark, dass die Ernte zerstört wurde. Gott wollte den Pharao bestrafen und umstimmen. Bei der zehnten und letzten Plage tötete er alle Erstgeborenen – nur die der Israelitinnen und Israeliten nicht. Diese hatten ein Lamm geopfert, sodass ihnen nichts geschah. Deshalb wird beim Pessachfest gebratene Lammkeule serviert, um daran zu erinnern, dass die Israelitinnen und Israeliten von Gott verschont blieben.

Alle Kinder strecken vor Freude ihre Arme in die Luft und sind sichtlich erleichtert.

Dann dauerte es nicht mehr lange und die Israelitinnen und Israeliten ergriffen unter der Führung von Moses die Flucht aus Ägypten.

Alle Kinder heben die Daumen hoch.

Sie hatten nicht viel Zeit, da sie von der ägyptischen Streitmacht verfolgt wurden. Die Israelitinnen und Israeliten mussten rasch aufbrechen und konnten deshalb kein neues Brot mehr backen. Den Teig nahmen sie mit und transportierten ihn in Tüchern auf dem Rücken.

Die Kinder legen pantomimisch Teig in ein Tuch und tragen es auf dem Rücken.

Um die Israelitinnen und Israeliten zu retten, teilte Gott das Schilfmeer. Die Ägypter und der Pharao ertranken, aber die Israelitinnen und Israeliten konnten trocken durch das Meer ziehen. Auf ihrem Fußmarsch buken sie aus dem Teig Brot. So entstanden die Matzen. Als Erinnerung daran wird zu Pessach ungesäuertes Brot gegessen, ebenso ein hart gekochtes Ei, das ein Zeichen der Trauer und Hoffnung ist. Die Israelitinnen und Israeliten zogen 40 Jahre mit Moses durch die Wüste in das verheißene Land.

Alle stampfen sitzend, sind erschöpft und überglücklich über ihre neu gewonnene Freiheit.

Ein Platz bleibt frei

 ab 5 Jahre  Gruppenraum  ca. 5 Minuten

Material: *gedeckter Frühstückstisch, 1 Stuhl mehr als Anzahl der Kinder*

Los geht's

Die Kinder gehen zum Frühstückstisch. Dort steht – wie beim jüdischen Sederabend – ein Stuhl mehr, als Gäste sitzen.
Auf Anregung der Spielleitung finden die Kinder durch Zählen heraus, wie viele Personen sich gleich hinsetzen wollen und wie viele Stühle am Tisch stehen. Um das Ergebnis zu überprüfen, setzen sich alle an den Tisch. Jetzt ist ganz deutlich, dass es einen Stuhl zu viel gibt.

Nun erzählt die Spielleitung den Kindern, dass alle Familien am Sedertisch immer einen freien Stuhl für den Propheten Elia hinstellen, auf dessen Wiederkunft gewartet wird. Mit ihm ist nämlich die Hoffnung auf das Kommen des Messias verbunden. Der leere Stuhl erinnert zugleich daran, dass wir alle in unserem Leben immer einen Platz für Gott freihalten sollen.

Vier Gläser Wein bzw. Traubensaft

 ab 5 Jahre  Gruppenraum  ca. 20 Minuten

Material: *1 Weinglas, 4 Gläser, 1 Krug*
Für jedes Kind: *Traubensaft, 1 kleiner Becher oder Glas*

Los geht's

Die Kinder sitzen am Tisch. Die Spielleitung zeigt das Weinglas mit Traubensaft und erzählt, dass Wein als königliches Getränk betrachtet wird, das die Freiheit symbolisiert. Im Laufe des Sederabends trinken jüdische Gläubige vier Gläser Wein, um die Befreiung der Israelitinnen und Israeliten aus der Knechtschaft in Ägypten zu feiern. Die Spielleitung erklärt, dass sie anstelle von Wein Traubensaft mitgebracht hat.
Bevor sie gemeinsam den Traubensaft trinken, reinigen sich alle am Waschbecken ihre Hände mit Wasser. Die Spielleitung, die die Rolle des Vaters übernimmt, beginnt.

Sie stellt vier Gläser Traubensaft auf den Tisch und lädt die Kinder ein, so wie die Jüdinnen und Juden am Sederabend Wein bzw. Saft zu trinken. Sie gießt in die vier Gläser Traubensaft für sich selbst und füllt jedem Kind ein wenig Saft in den Becher. Dieser kann auch mit Wasser gemischt werden. Nun eröffnet der Vater, also die Spielleitung, das Fest, indem sie einen Segen über den „Wein" spricht (jüdisch: Kiddusch). Alle lehnen sich links an ihrem Stuhl an und trinken ihren ersten Becher Saft als Zeichen der Freiheit. In dieser Sitzposition werden noch drei weitere Becher „Wein" getrunken.

Die besonderen Speisen

 ab 5 Jahre  Gruppenraum  ca. 15 Minuten

Material für jedes Kind: *1 Stängel Petersilie (alternativ: Radieschen, Sellerie oder Kartoffeln), 1 kleine Schüssel, gefüllt mit Salzwasser*

Los geht's

Die Kinder sitzen um den Tisch, vor sich die Schüssel mit Salzwasser und den Stängel Petersilie. Auf ein Zeichen der Spielleitung tunken alle die Petersilie in das Salzwasser, probieren etwas und erzählen reihum, wie es geschmeckt hat. Anschließend erzählt die Spielleitung den Kindern, dass diese Speise mit einigen anderen am Sederabend, zum Auftakt von Pessach, gereicht wird. Jede Speise, die an diesem Abend verzehrt wird, hat eine besondere Bedeutung: Die Petersilie steht für „Karpas". Das ist das hebräische Wort für Grünzeug bzw. Gemüse. Sie repräsentiert als Frucht der Erde die Sklavenarbeit in Ägypten und auch die vielen Tränen, die dabei vergossen wurden.

Auf dem sogenannten „Sederteller" liegen noch weitere Speisen: Dazu zählen ein angebratener Fleischknochen als Symbol für das Pessachlamm, ein hart gekochtes Ei als Zeichen der Trauer um den zerstörten Tempel in Jerusalem, ein Bitterkraut, z. B. Römersalat, als Zeichen der Bitterkeit der Knechtschaft in Ägypten, ein Fruchtmus, das die Lehmziegel verkörpert, die die Sklavinnen und Sklaven formten, und ein weiteres Bitterkraut, das für das Exil steht, das für die Israelitinnen und Israeliten in bitterer Sklaverei endete, sowie drei Matzen, ungesäuerte Brote, als Symbol für den überhasteten Aufbruch und die Flucht aus Ägypten.

Wie schmecken Matzen?

 ab 4 Jahre  Gruppenraum  ca. 10 Minuten

Material: *3 Matzen (evtl. mehr je nach Anzahl der Kinder), 1 Papierserviette*

Los geht's

Alle sitzen am Frühstückstisch. Die Spielleitung bricht einen Matzen in zwei ungleich große Teile. Das größere Stück (Afikoman) hüllt sie in eine Papierserviette und legt es beiseite. Dies wird später während des Abschlussrituals („Die Suche nach dem Afikoman", S. 81) gesucht. Das kleinere Stück steht für das „Brot der Armut", das die Israelitinnen und Israeliten in der Knechtschaft in Ägypten aßen.

Die übrigen Matzen teilt die Spielleitung unter den Kindern auf. Die Kinder kauen ausgiebig und beschreiben den Geschmack. Matzen bestehen nur aus Weizenmehl und Wasser – ohne Salz schmecken sie vielleicht für manche etwas fade.

Die vier Fragen am Sederabend

 ab 4 Jahre  Gruppenraum  ca. 20 Minuten

Material: *kein Material nötig*

Los geht's

Alle sitzen im Kreis. Die Spielleitung erzählt, dass das jüngste Kind am Sederabend vier Fragen stellt, die der Vater beantwortet. Die Spielleitung flüstert vier Kindern nacheinander je eine Frage (siehe rechts) zu. Diese stellt das Kind dann laut und die Spielleitung gibt die Antwort darauf. So erfahren die Kinder einige Hintergründe des Sederabends.

Erste Frage: Weshalb wird ein Stück Gemüse in Salzwasser getaucht?

Antwort: Es erinnert die Jüdinnen und Juden an Angst und Verzweiflung und an die Tränen, die die Israelitinnen und Israeliten während ihrer Knechtschaft in Ägypten vergossen haben.

Zweite Frage: Weshalb gibt es am Sederabend ungesäuertes Brot?

Antwort: Die Israelitinnen und Israeliten mussten schnell fliehen und hatten keine Zeit mehr, ihre Brote zu backen. Auf der Flucht nahmen sie ungesäuerte Brote mit. Diese halbfertigen Brote erinnern die Jüdinnen und Juden daran und werden „Matzen" genannt.

Dritte Frage: Weshalb werden bittere Kräuter gegessen?

Die vier Fragen am Sederabend

Antwort: Der bittere Geschmack erinnert daran, wie bitter und schwer das Leben in der Knechtschaft in Ägypten war.
Vierte Frage: Warum trinken und essen alle auf der linken Seite liegend wie Könige?
Antwort: Am Sederabend lehnen sich die Feiernden links an und essen und trinken mit der rechten Hand – selbst dann, wenn sie sonst immer die linke benutzen. Es ist ein Zeichen der Freiheit. Gott hat die Israelitinnen und Israeliten zu freien Menschen gemacht.

Die Spielleitung erinnert dabei daran, wie die Kinder das selbst beim „Wahrnehmungsspiel – Vier Gläser Wein bzw. Traubensaft" (S. 78) schon ausprobiert haben.

Die Suche nach dem Afikoman

 ab 3 Jahre  Gruppenraum  ca. 10 Minuten

Material: *Abschiedsspiel oder -lied (S. 14 bis S. 17), Bonbons o. Ä.*

Vorbereitung

Die Spielleitung versteckt heimlich das Stück Matzen im Gruppenraum, das sie im Wahrnehmungsspiel („Wie schmecken Matzen?", S. 80) beiseitegelegt hat.

Los geht's

Nach dem Frühstück erinnert die Spielleitung die Kinder an das versteckte Stück Matzen. Dieses werden die Kinder nun suchen.
Dazu ruft die Spielleitung „Afikoman!" und die Kinder laufen los. Wenn das Stück Matzen gefunden wurde, tauschen die Kinder es bei der Spielleitung gegen eine kleine Belohnung, z. B. Bonbons. Danach darf jedoch jedes Kind noch ein kleines Stück Matzen essen.
Zum Abschluss wird noch ein Abschiedsspiel gespielt oder ein Abschiedslied gesungen.

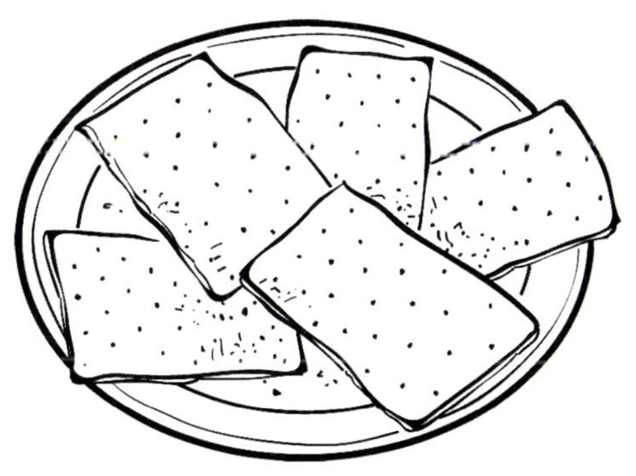

Von Palmsonntag bis Ostermontag

Einführung – Die Karwoche und das Fest der Auferstehung

Der Palmsonntag ist für Christ*innen der Auftakt der Karwoche, die auch „heilige Woche" genannt wird. Die Karwoche ist die wichtigste Woche im Kirchenjahr, die in das Osterfest mündet. Am Palmsonntag wird des Einzugs Jesu Christi auf einem Esel in Jerusalem gedacht. Die Menge bejubelte ihn wie einen König. Die Menschen legten Palmzweige vor ihm auf den Boden. Solche Zweige segnen die Priester jedes Jahr am Palmsonntag während der heiligen Messe. Sie symbolisieren das Leben, erinnern an Jesus Christus und bringen Segen ins Haus.
Zur Karwoche gehört auch der Gründonnerstag. An diesem feierte Jesus mit seinen Jüngern das letzte Abendmahl.
Der Karfreitag ist der traurigste Tag. Er erinnert daran, dass Jesus am Kreuz gestorben ist. Am Karsamstag erwartet die Kirche die Auferstehung Jesu Christi, die dann ein Engel am Ostersonntag verkündet. Nun beginnt die Osterzeit, die den Christ*innen viel Freude allein schon durch diese frohe Botschaft bringt.

Jedes Jahr feiern wir Ostern an einem anderen Termin, da das Fest immer am ersten Sonntag nach dem ersten Frühlingsvollmond begangen wird. Die christlichen Kirchen feiern frühestens am 22. März und spätestens am 25. April.
In diesem Kapitel laden wir Sie dazu ein, das wichtigste Fest der Kirche, das zudem der liturgischen Farbe Weiß zugeordnet wird, mit Ihren Gruppenkindern zu feiern.
Es versteht sich von selbst, dass das Eier- und Nestersuchen für jüngere Kinder einen sehr hohen Stellenwert hat und aus der Osterzeit nicht wegzudenken ist. Dennoch ist es uns ein großes Anliegen, dass die Kinder sich in der Kita nicht nur mit diesen Osterbräuchen befassen, sondern auch ein Stück weit begreifen, weshalb überhaupt Ostern gefeiert wird. Den Leidensweg, das Sterben und die Auferstehung Jesu Christi erfassen Kita-Kinder erfahrungsgemäß wesentlich leichter durch einen musikalischen und spielerischen Zugang als auf rein sprachlicher Ebene. Deshalb legen wir großen Wert darauf.

Darum feiern wir das Osterfest

 ab 3 Jahre  Gruppenraum 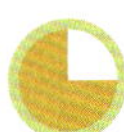 ca. 10 Minuten

Material: *Lieder „Viele bunte Sprachen" (S. 11, CD Lied 1) und „Auferstanden, Jesu Christ" (S. 87, CD Lied 9), weißes Tuch, LED-Osterkerze*

Los geht's

Die Spielleitung breitet auf dem Boden ein weißes Tuch aus, auf dem sie die Osterkerze platziert, die sie einschaltet. Die Kinder bilden um die Kerze herum einen Kreis.
Die Spielleitung spricht einleitend den folgenden Refrain des Liedes „Auferstanden, Jesu Christ":

Auferstanden, Jesu Christ,
du für uns gestorben bist,
darum feiern heute
kleine und große Leute
das schöne Osterfest!

Anschließend wird gemeinsam das Lied „Viele bunte Sprachen" gesungen.

Hört, Jesus kommt nach Jerusalem

 ab 3 Jahre  Gruppenraum  ca. 10 Minuten

Material: *kein Material nötig*

Los geht's

Die Spielleitung erzählt im Sitzkreis, wie Jesus nach Jerusalem kam:

Vor knapp 2000 Jahren machte sich ein Prophet namens Jesus auf einem kleinen Esel nach Jerusalem auf. Dort waren viele Menschen anwesend, die in den nächsten Tagen das Pessachfest feiern wollten. Die Menschen hörten, dass Jesus in ihre Stadt kommen würde. Einer erzählte es seinen Nachbarinnen und Nachbarn und diese teilten es wiederum mit Menschen, die davon auch anderen berichteten usw.

Die Kinder verbreiten auf Anweisung der Spielleitung nun die Nachricht wie ein Lauffeuer, indem ein Kind seinem linken Nachbarskind „Jesus kommt nach Jerusalem!" ins Ohr flüstert. Das betreffende Kind flüstert es dann seinem linken Nachbarskind ins Ohr usw.
Auf diese Weise geht es immer weiter, bis die gute Nachricht das erste Kind wieder erreicht hat.

Jesu Einzug in Jerusalem

 ab 5 Jahre  Gruppenraum  ca. 15 Minuten

Material für jedes Kind: *1 Rhythmusinstrument (Holzblocktrommel, Klangstäbe, Schellenkranz oder Handtrommel)*

Los geht's

Die Kinder nehmen sich jeweils ein Rhythmusinstrument, um im Kreis die folgende Geschichte zu begleiten:

Kurz vor dem Pessachfest fing alles an.
Wo? In der Stadt Jerusalem kam er an.
Holzblocktrommel erklingen lassen
Wer war dieser Prophet, der so viel konnte?
Er half so vielen Menschen, wie er nur konnte.
„Jesus!" rufen
Die Menschen kamen von überallher.
Die Römer wunderten sich sehr.
Klangstäbe erklingen lassen
Jesus kam nur auf einem kleinen Esel an,
aber alle riefen „Hosianna, dem König!" dann.
Schellenkranz erklingen lassen
Palmzweige und Kleider legten sie vor ihn.
Jesus war ihr Messias und alle wollten sie hin.
alle Instrumente erklingen lassen
Deshalb bekamen seine Gegner eine große Wut.
Geht das am Ende vielleicht nicht gut?
Handtrommel erklingen lassen
Die Pharisäer wollten Jesus partout nicht haben.
„Wie aber loswerden?", hörte man sie fragen.
mit den Fingerspitzen die Handtrommel reiben

Abschließend überlegen alle gemeinsam, wie die Geschichte wohl weitergehen wird.

Zum Frühstück das letzte Abendmahl

 ab 3 Jahre  Gruppenraum  ca. 10 Minuten

Material: *1 großes, geschnittenes Baguette, 1 Körbchen, 1 großes Holzkreuz, LED-Kerzen*
Für jedes Kind: *1 Becher mit etwas Traubensaft*

Los geht's

Die Spielleitung deckt mit den Kindern den Frühstückstisch mit den Bechern mit Traubensaft, mit Kerzen und einem Holzkreuz. Sie erklärt, dass sich die Christinnen und Christen an Gründonnerstag daran erinnern, dass Jesus mit den zwölf Jüngern in der Nacht vor seinem Tod – während des Pessachfestes – das Abendmahl gefeiert hat.
Die Geschichte des letzten Abendmahls aus dem Evangelium nach Lukas erzählt sie nun vereinfacht nach. Die Kinder machen mit und begreifen so das Erzählte besser:

Am Abend feierten die Menschen in Jerusalem das Pessachfest. Das tat auch Jesus mit seinen zwölf Jüngern.
Alle stehen insgesamt 12-mal vor Freude kurz auf.
Auf dem Tisch standen viele Köstlichkeiten, dennoch war Jesus sehr ernst.
Zuerst sprach er ein Gebet über das Essen.
Die Spielleitung fragt in die Runde, ob die Kinder ein Tischgebet kennen. Falls sie möchten, sprechen die Kinder gemeinsam ein altbekanntes Tischgebet, z. B.
„Komm, Herr Jesus, sei du unser Gast
und segne, was du uns bescheret hast."
Jesus wusste, dass etwas Schlimmes geschehen würde. Deshalb brach er für jeden ein Stück Brot ab und sagte:
„Denkt dran, ihr sollt euch immer so lieben, wie ich euch geliebt habe!"
Die Spielleitung überreicht jedem Kind ein Stück Brot, das es isst.
Er sprach auch ein Dankgebet über den Wein und sagte den Jüngern, er tränke nun keinen Wein mehr, bis Gottes Reich käme.
Alle bekommen einen Becher und trinken einen Schluck Traubensaft.
Jesus sagte, dass dies ihr letztes gemeinsames Abendmahl sei. Einer der Jünger würde ihn verraten. Wer mochte das wohl sein? Jesus war doch ihr Freund! Die Jünger waren aufgebracht.
Die Kinder stehen 11-mal kurz hintereinander auf und sehen dabei immer wieder fragend in die Runde. Die Spielleitung fragt die Gruppe, ob es in Ordnung ist, wenn man jemand anderen verpetzt und ihn so verrät.
Jesus sprach: „Was geschehen muss, wird passieren. Wo ihr jedoch das Brot miteinander teilt, werde ich bei euch sein! Darum feiert auch ohne mich miteinander das Abendmahl."
Als Jesus das sagte, fehlte bereits ein Jünger am Tisch. Dieser hatte ihn, wie prophezeit, bereits verraten.

Verrat des Judas

 ab 5 Jahre  Gruppenraum  ca. 15 Minuten

Material: *30 Ein-Euro-Münzen (Spielgeld) oder 30 Perlen, evtl. 4 Markierungskegel*

Los geht's

Die Spielleitung erzählt den Kindern die Geschichte von Judas, der Jesus verraten hat, die Kinder spielen in verteilten Rollen:

Die Pharisäer wollten Jesus töten, weil sie Angst hatten, dass er König würde. Judas sollte zur Belohnung für den Verrat an seinem Freund Jesus 30 Silberlinge bekommen. Er nahm das Angebot an.

Die Spielleitung zeigt den Kindern 30 Ein-Euro Münzen, die sie gemeinsam zählen. Danach wählt sie ein Kind aus, das Jesus darstellt, und eines, das Judas spielt. Die übrigen Kinder teilen untereinander die Rollen Soldaten, Oberpriester, Pharisäer und die Jünger auf.

Judas ging mit einem römischen Befehlsherrn, seinen Soldaten sowie einer Gruppe Oberpriester und Pharisäer in den Garten Gethsemane. Dort befand sich Jesus mit seinen Jüngern. Es war sehr dunkel und nicht jeder wusste, wie Jesus aussah.

Die Soldaten sagten laut: Welcher dieser Menschen ist Jesus?

Judas hatte mit ihnen vereinbart, dass er Jesus küsste, damit sie ihn erkannten.

Die Spielleitung geht als Judas auf Jesus zu und deutet einen Handkuss an.

Daraufhin liefen die Soldaten los, um Jesus gefangen zu nehmen.

Die Soldaten laufen zu Jesus und halten ihn fest.

Nach dem Rollenspiel kommt die Spielleitung mit den Kindern ins Gespräch und fragt u. a.:

„Weshalb hat Judas eigentlich Jesus verraten?", „Wie viel Geld hat er dafür bekommen?", „Wird Judas es vielleicht noch bereuen?"

Karfreitag: Die Kreuzigung Jesu

 ab 5 Jahre  Gruppenraum  ca. 15 Minuten

Material: *1 Holzkreuz*

Los geht's

Die Kinder bilden einen Kreis und geben das Holzkreuz rechts im Kreis herum. Die Spielleitung erzählt den Kindern, dass Jesus am Karfreitag gestorben ist. Die Priester und Schriftgelehrten haben Jesus zum Tod verurteilt. Ihrer Meinung nach durfte niemand sagen, er sei Gottes Sohn.

Wissen die Kinder, wie Jesus gestorben ist? Falls sie die Antwort nicht kennen, erzählt die Spielleitung, dass Jesus an das Kreuz genagelt wurde. Das Kreuz ist eines der wichtigsten Symbole des Christentums und somit auch in den Kirchen zu finden.

„Auferstanden, Jesu Christ"

Text und Musik: Christian Hüser und Frank Fermate

1. Am Kreuz ist er gestorben als Retter für die Welt.
Gott gab uns ein Zeichen, war Jesus nun ein Held?

Refrain
Auferstanden, Jesu Christ, du für uns gestorben bist,
darum feiern heute kleine und große Leute das schöne Osterfest!

2. Welch ein großes Wunder, das Grab war heute leer.
Die Frauen fanden ihn nicht mehr, das zu glauben war so schwer.

Refrain

3. Es freuen sich alle Menschen, das macht uns großen Mut.
Jesus, der lebt unter uns, wir sehen, das ist gut.

Refrain

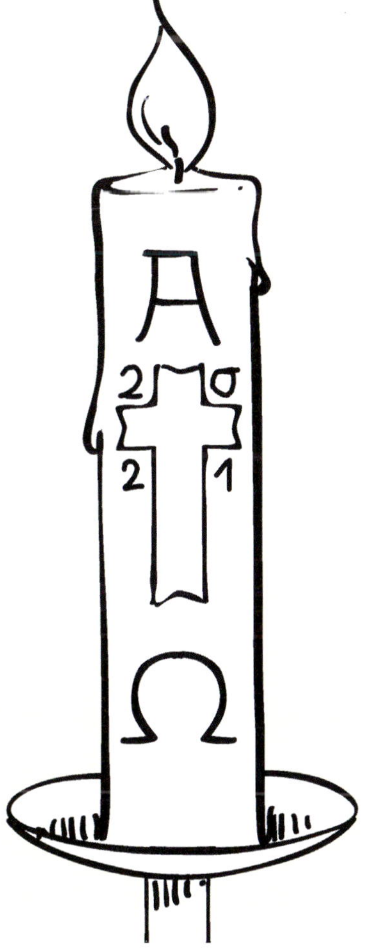

Auferstanden, Jesu Christ

 ab 5 Jahre  Gruppenraum  ca. 10 Minuten

Material: *kein Material nötig*

Los geht's

Alle Kinder knien im Kreis auf dem Boden und fassen einander an den Händen. Dann singen sie das Lied und führen die folgenden Bewegungen aus:

1. Strophe:
langsam im geschlossenen Kreis aufstehen

Refrain:
Arme weit nach oben strecken, in die Hocke gehen, dann auf die Zehenspitzen stellen und dabei die Arme in die Luft strecken, Hände in die Hüfte stemmen und sich um die eigene Achse drehen

2. Strophe:
stehen bleiben, die Arme weit nach oben strecken und dann seitlich zum Oberkörper führen

3. Strophe:
stehen bleiben und die rechte Hand auf die linke Brust legen

Jesus ist auferstanden

 ab 3 Jahre  Gruppenraum  ca. 15 Minuten

Material: *Lied „Auferstanden, Jesu Christ" (S. 87, CD Lied 9), 1 Klangschale, 1 Triangel*

Für alle bis auf zwei Kinder: *1 Rhythmusinstrument*

Los geht's

Die Kinder sitzen im Kreis und alle bis auf zwei erhalten von der Spielleitung jeweils ein Rhythmusinstrument. Die beiden übrigen bekommen eine Klangschale und eine Triangel. Die Spielleitung erzählt, dass zwei Frauen am frühen Morgen Jesu Grab aufsuchten. Es war leer! Was war geschehen? – Gott hatte Jesus von den Toten auferweckt. Jesus begegnete vielen Menschen. Er sprach mit ihnen, aß mit ihnen und ließ sich sogar berühren.
Die Spielleitung erzählt den Kindern, dass Christinnen und Christen glauben, dass Gott die Seele nach dem Tod zu sich nimmt. Danach liest sie den Text des Liedes laut vor. Die Kinder bringen, passend dazu, ihre Instrumente wie angegeben zum Einsatz.

1. Am Kreuz ist er gestorben
als Retter für die Welt.
Gott gab uns ein Zeichen,
war Jesus nun ein Held?
Klangschale erklingen lassen

Refrain:
Auferstanden, Jesu Christ,
du für uns gestorben bist,
darum feiern heute kleine und große Leute
das schöne Osterfest.
alle Rhythmusinstrumente erklingen lassen

2. Welch ein großes Wunder,
das Grab war heute leer.
Die Frauen fanden ihn nicht mehr,
das zu glauben war so schwer.
Triangel mehrmals kurz hintereinander anschlagen

Refrain:
Auferstanden, Jesu Christ,
du für uns gestorben bist,
darum feiern heute kleine und große Leute
das schöne Osterfest.
alle Rhythmusinstrumente erklingen lassen

3. Es freuen sich alle Menschen,
das macht uns großen Mut.
Jesus, der lebt unter uns, wir sehen, das ist gut.
Klangschale erklingen lassen

Refrain:
Auferstanden, Jesu Christ,
du für uns gestorben bist,
darum feiern heute kleine und große Leute
das schöne Osterfest.
alle Rhythmusinstrumente erklingen lassen

Der Osterhase kommt

 ab 3 Jahre 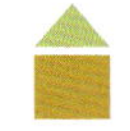 Außenbereich  ca. 15 Minuten

Material für jedes Kind: *1 gefülltes Osternest*

Vorbereitung

Die Spielleitung versteckt die Osternester im Außenbereich.

Los geht's

Alle sitzen gemeinsam im Kreis. Die Spielleitung spricht zu Beginn folgenden Reim:

Oh, oh, du lieber Osterhase,
hast eine feine Schnuppernase.
Versteckst ein Nest für mich,
dafür mag ich so sehr dich!

Die Spielleitung ruft laut „Auf die Osternester, fertig, los!", und schon laufen alle los und starten die Suche nach den Osternestern. Wenn jedes Kind ein Nest gefunden hat, bilden alle einen Kreis, um sich voller Stolz und Freude gegenseitig die gefundenen Osternester zu präsentieren.

„Oster-, Oster-, Osterzeit"

C Am F G C Am
In der schö-nen Os-ter - zeit_ sind die Ha - sen stets be - reit,_ ha - ben viel zu tun,
4 F G C Am
kön'n sich nicht aus - ruhn. In der schö - nen Os - ter - zeit,___
6 F G C Am
sind die Ha - sen stets be - reit,___ Ei - er - fär - ben schnell,
8 F G C G C
man - che dun - kel, man - che hell.
11 C Am F G C Am
Os - ter-, Os - ter-, Os - ter - zeit,___ sie kommt schon bald im
14 F G C Am F G
Früh - lings - kleid,__ Os - ter, Os - ter-, Os - ter - zeit, sie
17 C Am F G C
kommt schon bald vor - bei, wie sehr ich mich freu_________ .

Text und Musik: Christian Hüser und Frank Fermate

1. In der schönen Osterzeit sind die Hasen stets bereit,
haben viel zu tun, könn'n sich nicht ausruhn.
In der schönen Osterzeit sind die Hasen stets bereit,
Eierfärben schnell, manche dunkel, manche hell.

Refrain
Oster-, Oster-, Osterzeit,
sie kommt schon bald im Frühlingskleid.
Oster-, Oster-, Osterzeit,
sie kommt schon bald vorbei, wie sehr ich mich freu.

2. In der schönen Osterzeit Osterfeuer weit und breit
leuchten nah und fern, Licht und Wärme haben wir gern.
In der schönen Osterzeit Osterfeuer weit und breit.
Der Winter ist nun fort, helles Licht an jedem Ort.

Refrain

3. In der schönen Osterzeit trägt die Welt ihr Frühlingskleid.
Vögel kehren heim, Blumen sprießen aus dem Keim.
In der schönen Osterzeit trägt die Welt ihr Frühlingskleid.
Alles will aufstehn und im Glanz die Sonne sehn.

Refrain

4. In der schönen Osterzeit, dann ist die Gelegenheit,
Freunde zu besuchen mit einem Osterkuchen.
In der schönen Osterzeit, dann ist die Gelegenheit,
Freude zu verbreiten und wir wollen gar nicht streiten.

Refrain

Oster-, Oster-, Osterzeit

 ab 3 Jahre  Gruppenraum  ca. 5 Minuten

Material: *Lied „Oster-, Oster-, Osterzeit" (S. 91, CD Lied 10)*

Los geht's

Die Kinder bilden einen Kreis, singen das Lied und bewegen sich dazu folgendermaßen:

Strophen 1 bis 4:
im Takt zur Musik mit den Händen auf die Oberschenkel patschen

Refrain:
Hände in die Hüften stemmen, sich im Takt zur Musik um die eigene Achse drehen und dabei links im Kreis herum tanzen

Ostern und Frühling

 ab 5 Jahre  Gruppenraum  ca. 15 Minuten

Material: *viele Ostereier, z. B. aus Plastik oder Holz*

Los geht's

Die Kinder bilden mit Unterstützung der Spielleitung zwei bis drei Gruppen. Dann setzen sich alle in einen Kreis.
Die Spielleitung flüstert je einem Kind pro Gruppe einen Oster- oder Frühlingsbegriff, z. B. „Osterlamm", ins Ohr. Diese Kinder stehen im Innenkreis und stellen diesen Begriff für ihre Gruppe pantomimisch (und ggf. mit den dazu passenden Geräuschen) dar.
Die übrigen Kinder raten, welcher Begriff gemeint ist. Die Gruppe, deren Mitglieder am schnellsten die richtige Antwort raten, erhält ein Osterei. Danach wird ein anderes Kind der Gruppe gewählt, das einen neuen

Begriff (z. B. „Osterhase", „Osterfeuer" oder „Osterei") darstellt. Nach einigen Spielrunden gewinnt die Gruppe mit den meisten Ostereiern.

Zehn kleine Osternester

 ab 3 Jahre  Gruppenraum  ca. 10 Minuten

Material: *kein Material nötig*

Los geht's

Die Kinder sitzen im Kreis. Die Spielleitung spricht den folgenden Abzählreim und alle machen die passenden Bewegungen dazu:

Zehn kleine Osternester und eines finde ich.
Wie viele Osternester gibt es noch für dich?
Neun kleine Osternester und eines finde ich.
Wie viele Osternester gibt es noch für dich?
Acht kleine Osternester und eines finde ich.
Wie viele Osternester gibt es noch für dich?
usw.
Ein kleines Osternest ist jedoch nicht für mich.
Ein kleines Osternest ist ganz allein für dich.

Alle strecken zunächst alle zehn Finger aus. Ausgehend vom rechten Daumen, führen sie neun Finger der Reihe nach zurück. Am Schluss wird der linke kleine Finger ausgestreckt und auf ein Kind gedeutet.

Ab ins Hasenloch und tschüss!

 ab 4 Jahre  Gruppenraum  ca. 5 Minuten

Material: *Abschiedsspiel oder -lied (S. 14 bis 17)*

Los geht's

Alle Kinder bis auf eines stehen im Kreis.
Das Kind im Außenkreis läuft im Uhrzeigersinn herum, tippt einem anderen auf die Schulter und ruft:

Fuchs, fang mich doch.
Kommst du, spring ich in mein Loch!

Daraufhin rennt das Kind schnell weiter und versucht, rasch den Platz des angetippten Kindes zu erreichen, das nun die Verfolgung aufnimmt. Erreicht es den Platz, bevor es gefangen wird, ist es in Sicherheit, ruft dem verfolgenden Kind „Tschüss!" zu und kommt noch einmal an die Reihe.
Wurde das Kind gefangen, spielt das verfolgende Kind in der nächsten Runde den Hasen. Auf diese Weise finden noch ein paar Verfolgungsjagden statt, bevor das Spiel aus ist.

Abschließend folgt für alle Hasenkinder im Kreis noch ein Abschiedsspiel oder -lied.

Eid al-Adha, Kurban Bayramı – Opferfest

Einführung – Ein Hauch von Mekka in der Kita

Das 4-tägige Opferfest heißt auf Arabisch „Eid al-Adha" und auf Türkisch „Kurban Bayramı". Es ist das höchste Fest im Islam, das jedes Jahr am zehnten Tag des zwölften Monats im islamischen Kalender stattfindet und sich im Sonnenkalender jährlich um elf Tage rückwärts verschiebt.
Das Opferfest erinnert an das große Opfer, das der Prophet Abraham (auch Ibrahim) beinahe gebracht hat, als Allah ihm nahelegte, seinen Sohn Ismael zu opfern. Als Allah sah, dass er das Opfer tatsächlich bringen wollte, gebot er ihm Einhalt, sodass er nach muslimischer Überlieferung die göttliche Probe bestanden hatte. Allah schickte einen Widder als Opfergabe, sodass der Sohn gerettet wurde.
Diese Geschichte zeigt gläubigen Muslim*innen, dass Gott barmherzig ist und dass man Gott vollkommen vertrauen kann.
Das Opferfest ist übrigens der Höhepunkt und Abschluss der jährlichen islamischen Pilgerfahrt nach Mekka, der „Hadsch". Am Morgen des ersten Feiertags wird in der Moschee gemeinsam ein besonderes Gebet gesprochen. Nach dem Festgebet verliest der Imam die Predigt.
Ein beliebtes Opfertier für die rituelle Schlachtung ist das Schaf, dessen Kopf in Richtung der heiligen Stadt Mekka gelegt wird. Ein Drittel des Fleisches ist für den eigenen Bedarf, ein weiteres Drittel wird Freund*innen und Bekannten geschenkt und das letzte Drittel Bedürftigen gespendet. Darüber hinaus erhalten Kinder Geld oder kleine Geschenke.
In diesem letzten Kapitel des Buches stellen wir Ihnen ein Opferfest für Kita-Kinder vor, bei dem es einen Lamm-Kuchen aus Biskuitteig geben kann. Die Kinder erfahren etwas über die Prüfung Abrahams, die nicht nur im Koran, sondern auch in der Bibel und der Thora überliefert ist. Darin ist der zu opfernde Sohn jedoch Isaak.
Es geht uns in den Angeboten nicht um Details, die für Kinder auch nicht so geeignet sind, sondern um das uneingeschränkte Gottvertrauen Abrahams. Auch das Thema „Teilen" hat eine zentrale Rolle beim Opferfest, sodass es gerade dazu viele Praxisideen gibt, die dazu beitragen, Verzicht zu üben, dankbar zu sein und Gott zu vertrauen.

Alles Gute zum Opferfest

 ab 3 Jahre  Gruppenraum  ca. 15 Minuten

Material: *Begrüßungsspiel oder -lied (S. 10 bis 13), 1 Lammfigur (aus Plüsch, Kunststoff, Holz o. Ä.), etwas Gras, Kieselsteine*

Vorbereitung

Die Spielleitung gestaltet eine schöne Kreismitte, bestehend aus einem Lamm, um das sie etwas Gras und ein paar Steine legt.

Los geht's

Die Kinder setzen sich in den Morgenkreis und die Spielleitung lädt sie zu einem Begrüßungslied oder -spiel ein.
Anschließend wünschen die Kinder einander ein gesegnetes Opferfest. Dafür geht ein beliebiges Kind auf ein anderes zu und sagt „Ich wünsche dir ein gesegnetes Opferfest!" oder „Alles Gute zum Opferfest!". Beide Kinder tauschen ihre Plätze, sodass das neue Kind im Innenkreis auf ein anderes zugehen und somit die guten Wünsche weitergeben kann. Auf diese Weise geht es weiter, bis alle ihre Plätze gewechselt haben.
Abschließend sagt die Spielleitung voller Freude erst auf Türkisch „Kurban bayramınız kutlu olsun!" und dann auf Deutsch „Möge euer Opferfest gesegnet sein!".

„Bayram, so heißt das Opferfest"

Fm Bbm
Wir gehn in__ die Mo - sche heut__ zum gro - ßen Fest - ge - bet, dort

4 Eb Ab Db
spricht der__ I - mam zu uns, wir hörn ihn,__ schön wie nie. Wenn der__ I - mam fer - tig ist be -

7 G° C(sus2)
ginnt das__ Opf - er - fest, für das al - les dan - ken wir Al - lah.

10 Fm Bbm Eb
Bay - ram, so heißt das Opf - er fest__ denn da ist der Tisch für uns so

13 Abmaj7 Dbmaj7 Gm7(b5)
schön ge - deckt. Bay - ram, so heißt das Opf - er - fest,__ Bay -

16 C(sus2) Fm Bbm
ram, Bay - ram, das Opf - er - fest. Bay ram, so heißt das Opf - er - fest,__

20 Eb Abmaj7 Dbmaj7
nach dem Fas - ten wie - der al - les bess - er schmeckt, Bay - ram, so heißt das

23 Gm7(b5) C(sus2) Fm
Opf - er - fest Bay - ram, Bay - ram, Bay - ram, das Opf - er - fest.

Text und Musik: Christian Hüser und Frank Fermate

1. Wir gehn in die Moschee heut zum großen Festgebet,
dort spricht der Imam zu uns, wir hörn ihn schön wie nie.
Wenn der Imam fertig ist, beginnt das Opferfest,
für das alles danken wir Allah.

Refrain
Bayram, so heißt das Opferfest,
denn da ist der Tisch für uns so schön gedeckt.
Bayram, so heißt das Opferfest,
Bayram, Bayram, das Opferfest.
Bayram, so heißt das Opferfest,
nach dem Fasten wieder alles besser schmeckt.
Bayram, so heißt das Opferfest,
Bayram, Bayram, Bayram, das Opferfest.

2. Auch teilen ist uns wichtig mit den Menschen in der Not.
Wir helfen heute gerne allen, denen Hunger droht.
Wir halten fest zusammen, sind füreinander da,
für das alles danken wir Allah.

Refrain

Bayram, so heißt das Opferfest

 ab 3 Jahre  Gruppenraum  ca. 5 Minuten

Material: *Lied „Bayram, so heißt das Opferfest" (S. 97, CD Lied 11)*

Los geht's

Alle Kinder stehen zusammen im Kreis, singen das Lied und führen dazu die entsprechenden Bewegungen aus.

Strophe 1:
im Takt Richtung Kreismitte gehen, dann Hand in Hand im Uhrzeigersinn tanzen

Refrain:
Hand in Hand im Takt links im Kreis herum tanzen

Strophe 2:
stehen bleiben und die rechte Hand auf die linke Brust legen, beide Arme Richtung Kreismitte ausstrecken, Hand in Hand im Takt links im Kreis herum tanzen

Refrain:
Hand in Hand im Takt links im Kreis herum tanzen

Hinweis

„Bayram" ist das türkische Wort für „Fest" und „Feiertag". Dazu zählt auch das Opferfest „Kurban Bayramı", das auf Arabisch „Eid al-Adha" heißt. Aus rhythmischen Gründen wird im Lied der allgemeine Begriff „Bayram" benutzt. Einige Kulturen, z. B. Albanien, Bosnien, nutzen den Begriff „Bajram" für das Opferfest.

Die Geschichte Ibrahims

 ab 5 Jahre  Gruppenraum  ca. 25 Minuten

Material: *1 Klangschale, 1 Paar Klangstäbe, 1 Triangel, 1 Handtrommel, 1 Ocean-Drum oder 1 Regenmacher*

Los geht's

Die Kinder sitzen im Kreis. Die Spielleitung erzählt, dass das Opferfest muslimische Gläubige an die Geschichte Ibrahims aus dem Koran erinnert. In der Bibel und der Thora steht diese Geschichte ebenfalls. Dort heißt Ibrahim jedoch Abraham. Die Spielleitung teilt die Rhythmusinstrumente aus und lädt die Kinder nun zu der Klanggeschichte ein:

Ibrahim lebte vor sehr langer Zeit und hatte einen sehr starken Glauben an Gott, zu dem die Musliminnen und Muslime „Allah" sagen.
Klangschale erklingen lassen
Ibrahim hatte eine Familie. Dazu gehörten seine Frau und seine Söhne Ismael und Isaak. Mit ihm waren sie zu viert.
Klangstäbe 4-mal erklingen lassen
Ibrahim liebte seine zwei Söhne sehr.
Triangel 2-mal erklingen lassen
Eines Nachts hatte er einen Traum. Er sollte seinen Sohn Ismael hergeben.
Schnarchgeräusche und dann einen Trommelwirbel machen
Er ging zu seinem Sohn und erzählte von seinem Traum. Ibrahim war traurig und verzweifelt. Ismael versuchte, seinen Vater zu beruhigen, und sagte, er solle tun, was Allah befohlen hatte.
Ocean-Drum oder Regenmacher erklingen lassen
Ibrahim ging schweren Herzens mit seinem Sohn Ismael auf den Berg Ararat, um Allah das große Opfer zu bringen.
schwerfällig auf der Stelle gehen
Auf einmal hörte Ibrahim eine Stimme, die ihm sagte, dass er seinen Sohn nicht hergeben müsse. Allah habe ihn auf die Probe gestellt, denn er habe wissen wollen, ob Ibrahim ihm vollständig vertraue.
Klangschale erklingen lassen
Ibrahims und Ismaels Glaube war so stark, dass sie die göttliche Probe bestanden hatten.
vor Freude in die Hände klatschen
Das freute Allah sehr. Aus Dankbarkeit opferte Ibrahim Gott einen Widder.
Klangschale erklingen lassen
Zum Opferfest essen Musliminnen und Muslime gerne Lammfleisch. Davon geben sie auch ihren Freundinnen und Freunden und Bekannten etwas ab. Einen Teil spenden sie armen Menschen.
aufspringen und vor Freude jubeln

Das Opferlamm

 ab 3 Jahre  Gruppenraum  ca. 25 Minuten

Material: *Lied „Bayram, so heißt das Opferfest" (S. 97, CD Lied 11), 1 bis 3 Lämmer aus Biskuitteig, LED-Kerzen, Blumen, 1 Messer, Servietten, 3 Teller*

Los geht's

Die Kinder decken gemeinsam den Frühstückstisch und schmücken ihn mit LED-Kerzen und Blumen. Die Spielleitung stellt den Lammkuchen auf den Tisch. Sie bittet eines der Kinder, das Lamm (ggf. mit Hilfe) in drei gleich große Teile zu schneiden.
Wissen die Kinder, für wen die drei Stücke bestimmt sind? – Die Spielleitung erinnert noch einmal das Gesagte (s. S. 99):
Ein Drittel gehört der Familie, ein weiteres Drittel den Freundinnen, Freunden und Bekannten und das letzte Drittel wird Menschen gespendet, denen es gerade finanziell nicht so gut geht!
Während sie das sagt, nimmt die Spielleitung je ein Stück weg und legt es auf einen separaten Teller. Sie erklärt den Kindern, dass die Familien auch Geld an islamische Wohlfahrtsverbände spenden, z. B. wenn sie kein Lamm schlachten können oder möchten. Bevor die Kinder den Lammkuchen essen, singen sie gemeinsam den Refrain des Liedes:

Bayram, so heißt das Opferfest,
denn da ist der Tisch für uns so schön gedeckt.
Bayram, so heißt das Opferfest,
Bayram, Bayram, das Opferfest.
Bayram, so heißt das Opferfest,
nach dem Fasten wieder alles besser schmeckt.
Bayram, so heißt das Opferfest,
Bayram, Bayram, Bayram, das Opferfest.

Die Kinder setzen sich an den Tisch, wünschen sich gegenseitig ein schönes Opferfest und natürlich auch einen „Guten Appetit!"

Hinweis

Damit jedes Kind etwas vom Kuchen bekommt, können natürlich mehrere Lämmer auf dem Tisch stehen und aufgeteilt werden.

Blumen: © Eva Spanjardt

Gottvertrauen

 ab 3 Jahre  Gruppenraum  ca. 10 Minuten

Material: *kein Material nötig*

Los geht's

Die Kinder stehen im Kreis. Gemeinsam mit der Spielleitung sprechen sie den folgenden Vers, während sie die angegebenen Bewegungen ausführen.

Das Opferfest zeigt dir:
Allah ist stets bei dir.
ringsherum auf die Kinder zeigen

Allah hat ein großes Herz.
Das ist wirklich kein Scherz.
die rechte Hand auf die linke Brust legen

Allah ist für mich und dich da.
erst auf sich selbst und dann auf ein anderes Kind deuten

Vertraue Gott und sage: „Ja!"
mit den Händen eine Schale formen und dann beide Arme seitlich nach oben führen zu einem Herz

Mehr als „nur" Fleisch opfern

 ab 5 Jahre  Gruppenraum  ca. 20 Minuten

Material: *1 Softball*

Los geht's

Die Kinder sitzen im Kreis. Die Spielleitung erklärt, dass es viele Dinge gibt, die man opfern kann. Dazu gehört z. B. Zeit für jemanden, der gerade traurig ist. Es kann auch ein Geschenk sein, das man selbst erhalten hat, das jedoch die Schwester oder der Bruder auch gerne hätte. Die Spielleitung eröffnet die Erzählrunde, indem sie z. B. berichtet, dass sie letzten Sommer auf eine Ferienreise verzichtet hat, da sie ihren alten und kranken Hund zu Hause pflegen musste und ihn nicht im Stich lassen wollte. Danach übergibt sie dem Kind, das links neben ihr sitzt, den Ball. Das Kind erzählt der Gruppe dann z. B., dass es sein Butterbrot teilt, wenn ein anderes Kind noch Hunger hat. Danach übergibt das Kind den Softball seinem linken Nachbarskind. Sollte sich das Kind nicht äußern wollen, reicht es den Ball einfach im Uhrzeigersinn weiter.
Auf diese Weise geht's so lange weiter, bis die Spielleitung wieder den Ball in den Händen hält. Sie erzählt zum Abschluss, dass es sich gut anfühlt, wenn man seine Zeit für die Familie, für Freundinnen und Freunde oder andere Personen investiert. Man bekommt immer viel zurück, sodass es eine runde Sache ist. Dabei deutet sie auf den Ball, um das Bild perfekt zu machen.

Allah um Frieden bitten

 ab 5 Jahre  Gruppenraum  ca. 15 Minuten

Material: *kein Material nötig*

Los geht's

Die Kinder sitzen im Kreis. Gemeinsam überlegen sie, worum sie Gott bitten können, wenn sie beten. Das können etwa Gesundheit, Freundschaften, weniger Streit zwischen den Kindern in der Gruppe, Essen und Trinken für alle Menschen und gar der Weltfrieden sein.
Die Spielleitung ruft nacheinander die Kinder auf, die etwas sagen möchten. Damit die Kinder mit ihrer Bitte gesehen werden, stehen sie auf, sobald sie an der Reihe sind.
Im Anschluss kann die Spielleitung noch einmal zusammenfassen, worum man Gott im Gebet – auch während des Opferfests – bitten kann. Wer möchte, kann beten. Dafür gibt die Spielleitung den Kindern die nötige Zeit.
Sie erzählt den Kindern, dass sich während des Opferfests nach dem Festgebet alle Schwestern und Brüder ein gesegnetes und friedliches Opferfest wünschen. Dabei hoffen alle, dass ihre Gebete angenommen werden.

Klangschönes Opferfest-Wichteln

 ab 3 Jahre  Gruppenraum  ca. 20 Minuten

Material: *1 Klangschale*
Für jedes Kind: *1 Papiertaschentuch; 1 altes, kleines, funktionsfähiges Spielzeug*

Los geht's

Die Spielleitung schlägt den Kindern vor, sich am Eid al-Adha gegenseitig zu überraschen und mit einem kleinen Geschenk zu zeigen, dass sie nicht nur an die eigene Familie, sondern auch an ihre Freundinnen und Freunde in der Kita denken. Alle Kinder erhalten ein Spielzeug, das sie in ein Taschentuch wickeln. Dann setzen sich alle zusammen in den Kreis.
Eines der Kinder stellt sich in die Kreismitte. Es schließt die Augen. Sobald die Spielleitung die Klangschale anschlägt, dreht es sich um die eigene Achse. Das Kind dreht sich so lange, bis der Klang verklungen ist. Es bleibt stehen und streckt seinen rechten Arm nach vorn aus. Das Kind, auf das es deutet, bekommt nun das Geschenk und darf es auspacken. Danach tauschen beide ihre Plätze, sodass das neue Kind in der Kreismitte das Spiel auf die gleiche Weise fortsetzt und sein Geschenk einem anderen Kind überreicht
Sollte ein Kind zufällig auf ein Kind zeigen, das bereits in der Kreismitte gestanden hat, dann darf das Kind in der Kreismitte ein anderes benennen, das noch kein Geschenk erhalten hat. Sobald alle etwas bekommen haben, dürfen sie die Sachen entweder behalten oder untereinander tauschen.

Ich schenke dir ein Lächeln

 ab 3 Jahre  Gruppenraum  ca. 20 Minuten

Material: *1 Softball*

Los geht's

Die Kinder sitzen auf dem Boden im Kreis.
Die Spielleitung erzählt den Kindern, dass das Opferfest auch daran erinnern soll, dass wir alle freundlich und wohlgesonnen miteinander umgehen sollen.
Warum schenken wir uns nicht einfach mal wieder ein Lächeln? Freundlich sein kann so viele Türen öffnen und kostet nichts - außer einem Lächeln. Ein Kind beginnt und rollt den Softball einem anderen Kind zu und sagt „Ich schenke dir ein Lächeln!". Dabei lächelt es das Kind an, das den Ball annimmt. Dieses Kind sucht sich ein anderes aus, dem es den Ball zurollt. Dabei sagt es mit einem freundlichen Gesichtsausdruck ebenfalls: „Ich schenke dir ein Lächeln."
So geht es immer weiter, bis alle Kinder zumindest einmal einem anderen Kind den Ball zugerollt und es dabei freundlich angelächelt haben.

Das Opferfest ist aus

 ab 3 Jahre  Gruppenraum  ca. 15 Minuten

Material: *Lied „Abschiedslied" (S. 14, CD Lied 12), 1 Stofftier (z. B. ein Lamm)*

Los geht's

Die Kinder bilden einen Abschlusskreis. Jedes Kind, das möchte, sagt, was ihm am Opferfest besonders gut gefallen hat. Das kann das Teilen des Lammkuchens, der besonders freundliche Umgang miteinander oder gar die Geschichte von der Prüfung Abrahams sein, der Gott so sehr vertraut hat. Dem Kind, das gerade das Wort hat, gibt die Spielleitung das Stofftier in die Hand. So wissen die anderen genau, wer gerade an der Reihe ist.

Sind alle Kinder zu Wort gekommen, die wollten, singen sie das Abschiedslied. Die Spielleitung bedankt sich bei den Kindern für das Mitmachen und sagt:

Das Opferfest in der Kita ist nun aus.
Gott ist jedoch immer in unserem Haus!

Dabei legt sie die rechte Hand auf die linke Brust und fügt hinzu: und somit in unserem Herzen!